VIDA Y COSTUMBRES EN

AL-ÁNDALUS

Vida y costumbres en

AL-ÁNDALUS

José Luis Martínez Sanz

Copyright © EDIMAT LIBROS, S. A.
C/ Primavera, 35
Polígono Industrial El Malvar
28500 Arganda del Rey
MADRID-ESPAÑA
www.edimat.es

ISBN: 978-84-9764-842-4
Depósito legal: M-9705-2007

Colección: Vida y costumbres en la Antigüedad
Título: Vida y costumbres en al-Ándalus
Autor: José Luis Martínez Sanz
Coordinación de la colección: Felipe Sen / Álvaro Cruz
Diseño de cubierta: El Ojo del Huracán
Impreso en: COFÁS, S. A.

IMPRESO EN ESPAÑA – *PRINTED IN SPAIN*

ÍNDICE

CAPÍTULO PRIMERO

HISTORIA Y MENTALIDAD DE *AL-ÁNDALUS*

Los mercenarios árabes en la sucesión visigótica

El año 711 un nutrido contingente de tropas musulmanas, compuesto por cerca de 300 árabes y 3.000 beréberes, desembarcaba en Europa e iniciaba un período largo de la Historia de España —y de Europa— que se conoce con el término de «Reconquista» y que forma la esencia de la **Edad Media**: fue el prestigioso historiador belga Henri Pirenne quien dijo que *la Edad Media europea había consistido en la lucha entre el Cristianismo y el Islam,* un conflicto aparentemente religioso, pero que en realidad reflejaba la lucha entre dos culturas por su supervivencia y por su expansión vital. Los antecedentes de ese hecho se habían producido a lo largo de los cuatrocientos años anteriores. Los historiadores inscriben este asalto de Oriente sobre el mundo y las tierras de Occidente en el período (siglos V-X) de las mal llamadas «*invasiones*» (pues, en realidad, fueron «inmigraciones» más que «invasiones») que, desde el norte y desde el este, se abatieron sobre Europa; sin embargo, en el año 711 la invasión provino del sur.

El **período de las invasiones europeas** abarca, propiamente, desde la invasión greco-macedónica de Asia en el siglo IV a.C. y la romana de la Europa meridional y occidental en el siglo II a.C., pasando por las invasiones germánicas del Imperio Romano en el siglo V d.C. y la musulmana de Hispania en el VIII, hasta las vikingas o normandas del siglo X e incluso las Cruzadas de los siglos XI y XII. Es de todos sabido que, tras la hegemonía y extensión del Imperio Romano y el largo período de siglos de prosperidad que supuso, la vitalidad de los pueblos germanos se manifestó en forma de pacíficas inmigraciones que fueron penetrando en las ricas y civilizadas zonas del Imperio Romano. Esa llegada de gentes y pueblos tuvo una influencia decisiva sobre el Imperio, pues primero trastocaron y cambiaron la vida romana, pero luego la hicieron desaparecer conforme se fue imponiendo su hegemonía y su propio carácter en las áreas que ocupaban: desde diciembre de 406, en que los bárbaros rompieron el *limes* o frontera en Maguncia (Alemania), el Imperio Romano se fragmentó en varios Estados nacionales y se fue desvaneciendo paulatinamente durante el siglo V. Por eso la Edad Media dura mil años: del siglo V al XV.

Uno de esos Estados nacionales creado por los «bárbaros» (que no eran tan bárbaros o salvajes, pero eran llamados así por los romanos debido a que no hablaban latín o lo hablaban mal) era el Estado hispano del **Reino visigodo**. Originarios de la isla de Gotland, una isla sueca del mar Báltico entre las costas de Letonia (Latvia) y de la sueca Kalmar, los godos habían salido de su isla empujados por la necesidad de nuevas tierras en las que establecerse, porque su elevado número de habitantes les impedía alimentarse o abastecerse adecuadamente. Al salir, los godos se dividieron en dos ramas importantes que durante más de un siglo recorrieron todas las tierras fronterizas con el Imperio Romano para intentar asentarse en ellas: una de sus ramas fueron los ostrogodos (o «godos del Este»: *ost-goths*) y la otra eran los visigodos (o «godos del Oeste»: *west-goths*). Estos últimos, después de invadir Italia y saquear Roma (año 410), firmaron un pacto (*foedus*) con el Imperio Romano: en calidad de *foederati*, fueron enviados a Hispania (nombre que los romanos habían dado a la Península Ibérica) para vencer y expulsar de Hispania a otros invasores bárbaros (suevos, vándalos y alanos) que previamente habían llegado y asolado las provincias hispanas del Imperio desde finales del año 408, y para devolver a Roma el control de aquellas tierras, las más occidentales del Imperio Romano de Occidente. Como fieles aliados de Roma y los más romanizados de los bárbaros, los visigodos entraron en Hispania en el año 415: masacraron a los alanos, forzaron a los vándalos a huir a África y en el 418 instalaron su centro de poder en la francesa Toulouse (*monarquía tolosana*, 418-507). Aunque en el año 456 penetraron en la Península para acabar con el poder expansivo de los suevos y se asentaron en muchas ciudades y lugares, fue en el 507, tras ser derrotados por los francos de Clodoveo, cuando instalaron su capital en Toledo (*monarquía toledana*, 507-711). Si bien durante casi doscientos años habían sido y actuado como un pueblo diferente a los hispanorromanos (*gothi* y *romani*, respectivamente), la conversión del arriano rey Recaredo en el año 589 inició la unificación de la sociedad hispana: los abundantes matrimonios mixtos consiguieron mezclar y homogeneizar a todos (incluidos los cántabros y vascos sometidos por Leovigildo, su padre).

Por eso se puede hablar de una (no de dos ni de tres) Hispania unida religiosa, cultural, étnica y socialmente, pero inestable políticamente: conforme a la ancestral costumbre germánica, el rey debía ser elegido. Esto fomentó la existencia de grupos de familias en torno a un personaje noble, y en varias ocasiones provocó verdaderas guerras civiles: en estas ocasiones, **una de las dos facciones en lucha acudía a un poder militar ajeno o extranjero para inclinar la balanza del poder a su favor.** Así en 507, cuando Gesaleico y los partidarios del niño Amalarico (hijo y heredero del difunto rey Alarico II) luchaban por la corona: en aquel momento, el ostrogodo Teodorico de Rávena la consiguió para su nieto Amalarico y actuó como regente suyo durante quince años. Esta intervención mercenaria exterior se repetiría más tarde en 552, cuando Agila y Atanagildo se disputaban el trono: los bizantinos (que ya ocupaban el norte de África) dirimieron la disputa a favor de Atanagildo, quien hubo de entregarles el Levante hispano como pago por sus servicios. Más tarde haría lo mismo Leovigildo, pidiendo ayuda a bizantinos y suevos para combatir en la Bética la rebelión de su hijo Hermenegildo, al que venció en 584; también en 631, cuando Sisenando llamó a los francos para vencer y deponer a Suintila. Finalmente, a la muerte del rey Vitiza en el año 711, un sector de la nobleza goda eligió como nuevo rey a Rodrigo, mientras que otro proclamaba a Agila II, hijo de Vitiza. En medio de la guerra civil entre ambas facciones, los vitizianos llamaron en su ayuda a los guerreros islámicos del norte de África.

Éste es un hecho que merece ser explicado ampliamente porque muestra las **circunstancias socio-políticas que propiciaron la llegada de los musulmanes** a Hispania. Al morir el rey Vitiza en el año 710, una gran parte de la nobleza visigoda (aglutinada en torno a la familia del rey Wamba, a la que pertenecía Vitiza) reconoció en Tarraco como rey a su hijo Agila II, duque de la Tarraconense; pero otra gran parte de los nobles (reunidos en torno a la poderosa familia de los descendientes del rey Chindasvinto) eligieron en Toledo como nuevo rey a Rodrigo, duque de la Bética. La exaltación de Rodrigo al trono hispanovisigodo le enfrentó, lógicamente, con la familia y partidarios de Vitiza y los clientes de la familia Wamba; también con los judíos, que no olvidaban el muy favorable trato que les había dado Vitiza frente a la desconfianza y proscripción de reyes anteriores, y temían perder su poder y volver a ser dominados por el nuevo rey, que llegaba con una misión de autoridad; por último, aunque la monarquía goda era electiva, el tiempo había ido consagrando la costumbre hereditaria, por lo que muchos reyes asociaban al trono a sus hijos (para que fueran aprendiendo con sus padres el «oficio» de reinar: así había hecho Vitiza con Agila II) y eran sucedidos por ellos: con arreglo a eso, para un importante sector dirigente hispanovisigodo Rodrigo sería un usurpador. Pero, nótese bien, aquella guerra civil entre los partidarios de Agila y los de Rodrigo no era excepcional en la Europa del momento: como en España, en Francia había luchas intestinas entre merovingios, y luego entre nobles filo-merovingios contra filo-carolingios. Y esto por no hablar de las que se daban en el Imperio bizantino, o en los pueblos germánicos asentados en lo que luego sería el Sacro Imperio, o entre bretones y anglosajones en las Islas Británicas.

Por eso, a la hora de buscar una ayuda exterior para su causa, **los vitizianos llamaron a los guerreros islámicos del norte de África**, pensando tanto en los árabes que habían logrado aquellos restos del Imperio Romano como en los recientemente islamizados beréberes. Los musulmanes o islámicos, en su rápida y poderosa expansión por aquellas zonas meridionales del Imperio Romano, habían tomado en el año 641 Alejandría y luego todo Egipto, y fueron extendiendo sus conquistas hacia el oeste (*al-Magreb*) de Ifriquiya, nombre que en Arabia daban a la región tunecina y, por extensión, al continente africano. De ese modo, aunque con algunos altibajos, fueron capturando Trípoli, intentaron tomar Algeciras (675), conquistaron Cartago (698) y lograron Ceuta (710), transformando aquellas antiguas provincias romanas en nuevas tierras del Islam, presionando a sus habitantes con promesas y amenazas (más o menos veladas) para que abandonasen su religión cristiana y se convirtieran a la fe mahometana.

Algunos autores han pensado que, probablemente, se habrían conformado con eso sin atreverse a saltar a Europa ni a enfrentarse con los poderosos reinos nacionales germánicos que se estaban consolidando en el Viejo Continente; concretamente, eso es lo que podría deducirse de las fuentes árabes, que recuerdan que el *walí* Muza reprochaba su *mawla* Tarik haber penetrado en España muy hacia el norte (había llegado a Toledo y Guadalajara). Sin embargo, al margen de las fuentes escritas están los hechos. Por un lado, el propio Mahoma predicó y practicó la *yihad* (guerra santa) como el medio ordenado por Dios —y así se refleja en el Corán— para extender el Islam, lo que se realizó por toda Arabia, pero también en territorios pertenecientes a los poderosos imperios vecinos: Persia fue absorbido por los musulmanes y desapareció, y Bizancio fue —al igual que España— el escudo de Europa durante siglos, aunque acabó por desaparecer en 1453: del mismo modo que había sido el centro del Cristianismo en Oriente, desde entonces se convirtió en el centro del mundo musulmán regido por los sultanes-califas de Estambul (el nombre islámico de Bizancio-Constantinopla). Por otro lado, los musulmanes iniciaron una rápida expansión del Islam mediante la espada y la conquista militar (no mediante la conversión por predicar la fe mahometana) hacia el Este y hacia el Oeste, y sólo detuvieron sus agresivas y belicosas conquistas en aquellos puntos donde se les opuso una fuerza militar mayor que la que ellos tenían; por eso, en los lugares conquistados su fanatismo religioso hacía difícil (y finalmente imposible) la convivencia con otras culturas y otras religiones, que quedaban relegadas a la esfera de lo privado o a la clandestinidad. Además, y por si fuera poco, también habían intentado saltar hacia Europa (Sicilia, Italia, España), logrando sólo tomar Chipre, Rodas y Creta desde que el califa omeya Moawiya creara una poderosa flota musulmana que venció a los bizantinos en el mar.

Sobre todo, trataron de penetrar por la cercana España; en efecto, tras una incursión por el norte de lo que hoy es Marruecos, en la que se apoderaron de Tánger, su primer intento reflejado en los documentos de la época se produjo el año **675**, siendo rey Wamba, cuando una poderosa escuadra musulmana se presentó ante Algeciras (entonces *Julia Traducta*) e intentó un desembarco: la incursión se saldó de forma catastrófica, pues perdieron 270 embarcaciones y la mayoría de los soldados islámicos. Ese deseo de desembarcar en Hispania se consolidó y acrecentó desde que su escuadra llegó a Túnez (*al-Magrib*) y tomó la antigua Cartago en el año 700, por lo que otra vez lo intentaron en **701**, durante el reinado de Egica; pero la escuadra goda que mandaba Teodomiro pudo parar eficazmente la invasión. Nuevamente hicieron un tercer intento en **709**, aprovechando las luchas intestinas entre los hijos de Vitiza por imponerse en la sucesión y la consiguiente relajación de la vigilancia en el estrecho, pero también esta vez fueron rechazados por Teodomiro. Tras su conquista de Ceuta en **710**, incluso se llegó a ver en Algeciras un contingente musulmán de quinientos hombres, mandado por el árabo-yemení Tarif abu Zara, explorando aquella costa andaluza.

La pujanza militar de los musulmanes era bien conocida por los hispanovisigodos, especialmente desde que los islámicos les habían arrebatado la ciudad africana de Ceuta. Nada tiene de extraño que los visigodos que se quedaron en ella (especialmente Don Julián) y los vitizianos que en la Península luchaban contra el rey Rodrigo pensasen en ellos como la mejor ayuda militar para imponerse al bando del rey, por lo que les pidieron su colaboración mercenaria, al igual que anteriormente otros reyes habían buscado asistencia mercenaria entre los ostrogodos y los bizantinos para afianzarse en el trono y habían pagado ese servicio con dinero o con tierras en la Península. Entre los hispanovisigodos que se quedaron en Ceuta cuando pasó a formar parte de las tierras del Islam estaba el vitiziano **Don Julián** (Olián u Olbán), el conde que gobernaba aquella ciudad; de él dice Ibn Jaldún en su *Kital al-ibar* que era un mercader bizantino allí afincado y que gobernaba Ceuta en nombre del *basileus* (el emperador bizantino de Constantinopla): Dozy siguió esta opinión y le creía «exarca». Otros autores, como Codera, le tienen por un beréber africano bizantinizado y cristiano, y por ello caudillo de la tribu beréber de los Qumara; otros le consideran un bizantino al servicio de la monarquía goda, que le habría designado como gobernador de aquella ciudad; y otros, finalmente, un noble de estirpe goda y gobernador de la región de Cádiz. Sea como fuere, durante el asedio de Ceuta en 710 este conde vitiziano había sido el encargado de negociar y firmar la capitulación con los islámicos, como éstos tenían por costumbre; por eso mismo, debió ser él quien sugiriera a otros vitizianos y a su rey Agila II (refugiados en Ceuta tras ser derrotados en la Península por Rodrigo y sus tropas) la conveniencia de utilizar a los islámicos para vencer a las tropas del rey Rodrigo. De igual modo, y en la Península, idéntico espíritu e intenciones habría que atribuir a **Don Oppas**, hermano del rey Vitiza y tío carnal de Agila II, que era obispo de Sevilla y a la vez detentaba la mitra de Toledo (cargo en el que luego le confirmaron los musulmanes como premio por sus servicios): no hubiera deseado entregar ni su ciudad ni Hispania a una religión extraña y nueva, a la que debía considerar una creación diabólica. Por ello, cabe suponer que todos ellos sólo pretendían utilizar a los árabes y a los beréberes como fuerza militar únicamente para vencer a la facción rival.

Pero, con evidente ignorancia de la mentalidad arábigo-islámica y con inaudita simpleza, **los vitizianos pidieron a los musulmanes que intervinieran en España para restituir lo que ellos consideraban la legitimidad dinástica**, sin proponerse traicionar a sus conciudadanos hispanovisigodos ni entregarles Hispania. Este inmenso error o desconocimiento del alma humana, y de la islámica en concreto, puede parecer aberrante: cualquier persona equilibrada sentiría desconfianza ante una potencia militar ajena y de distinto pensamiento o cultura. Pero lo de los vitizianos con los musulmanes no es un absurdo: la URSS cometió ese mismo error en 1979, cuando invadieron Afganistán, y ahora mismo, los EE.UU. nunca imaginaron que su invasión de Iraq en marzo de 2003 acabaría en la catástrofe actual que divide al país y que ha dado fuerza inusitada al terrorismo islámico como medio de chantaje a los Estados.

El cambio de actitud y su reflejo en las «Crónicas»

Los historiadores, especialmente los españoles, han debatido sobre motivos, causas y circunstancias de aquella invasión, así como sobre su funesta consecuencia, conocida en la historiografía española medieval como «*la pérdida de España*». Siempre se interpretó la invasión árabe de España como un paso más de la expansión islámica dentro de su espíritu de *yihad* o «guerra santa»; pero desde la segunda mitad del siglo XX los historiadores lo explican como una intervención militar de tipo mercenario en apoyo de un bando en la sucesión visigótica. Pero el hecho real y objetivo es que hubo dos desembarcos iniciales: el de Tarik en 711 y el del *walí* Muza en 712; y eso no es normal en un ejército mercenario.

La polémica la inició el profesor **Ubieto**, quien sostenía que Agila II y sus hermanos habían vendido en 714 sus derechos a la Corona visigoda al califa omeya de Damasco (Walif I, 705-715) a cambio de tierras y dinero; esto equivalía a decir que los árabes no dominaron España por invasión, sino que se hicieron dueños legales de ella por compra; sería algo similar a lo ocurrido en 1808 entre Carlos IV y Napoleón. Pero esta teoría tiene varios fallos que la invalidan: por un lado, con una presencia militar extranjera ocupando y rigiéndo el territorio propio no hay libertad para hacer tratos, sino coacción para dar validez legal a lo que es una ilegal situación de hecho, lo que invalida todo contrato; por otro lado, ni hay pruebas documentales que afirmen claramente que eso sucediera así ni que fuera libremente estipulado de ese modo, ni tampoco los reyes visigodos creyeron jamás que Hispania les perteneciera en propiedad como para poder venderla (ni el territorio ni la institución monárquica, que entonces estaba en sus gérmenes y no institucionalizada como en los siglos XVII y XVIII), ni la Corona visigótica, como institución de la época, ejercía tales derechos sin el consenso de magnates o gardingos y de los concilios toledanos.

Contra esa teoría, el profesor **Valdeavellano** argüía que la llegada de los musulmanes a España sí había sido mercenaria, pero que posteriormente Tarik se había excedido en las atribuciones y objetivos que le había señalado Muza, penetrando en España más al norte, con lo que había iniciado una ocupación y dominio de Hispania y habría burlado así las expectativas de los hijos de Vitiza. Según esta hipótesis, Tarik no pensaba restituirles el poder regio, sino entregarles sólo el «patrimonio real» (las tierras y los dominios antiguos de la Corona visigoda: cerca de 3.000 villas o lugares) mediante un pacto: este pacto fue primero confirmado por Muza y posteriormente por el Califa Walid, y esas 3.000 villas o enclaves fue lo único que recibieron los hijos de Vitiza y lo que entre ellos se repartieron. Todo ello equivalía a decir que los musulmanes invadieron España por abuso de fuerza, y que los hijos de Vitiza tuvieron luego que ceder ante una fuerza mayor y conformarse con los hechos consumados, sin que el resultado catastrófico de aquella invasión fuera el esperado ni el previsto por ellos.

Al margen de ambas teorías, el autor de este libro considera que, aunque la intención de los vitizianos fuese restituir lo que ellos consideraban la legitimidad dinástica, **los musulmanes vieron en aquella acción un episodio más de su *yihad* para extender o imponer el Islam** y cumplir así el mandato divino predicado por Mahoma. Además, era la consecución final de sus anteriores intentos de desembarcar en Hispania y penetrar en Europa para, así, envolver por el este y por el oeste a su enemigo natural más fuerte: el Imperio bizantino. Con arreglo a eso, la guerra civil entre las dos facciones nobiliarias visigóticas por la sucesión a la Corona no fue la causa, sino la ocasión u oportunidad que ellos aprovecharon adecuadamente para su único propósito: extender el Islam, aumentar los territorios de «los que se someten a Allah» (*muslim* o musulmanes). Que los musulmanes habían decidido la conquista y dominio de Hispania antes de desembarcar en ella lo demostró M. Barceló: entre los

años 709 y 711 (antes de Guadalete) acuñaron en la zona africana más occidental tres series de *fulus* —monedas de cobre
o bronce— en las que se mostraba esta intención y propósito;
la llamada de los vitizianos y los insidiosos consejos de los
judíos sólo les convencieron de que su propósito contaría
con aliados y apoyos dentro de Hispania.

Esta opinión es admitida por muchos medievalistas por
ser la más acorde con la mentalidad musulmana, con el espíritu del Corán, con la lógica, con los hechos y con la Historia: el Islam comenzó inicialmente su expansión a costa de
sus vecinos, el Imperio Persa —al que asimiló— y el Imperio Bizantino, que le resistió durante ochocientos años. Los
califas Omeya intentaron repetidamente acabar con Bizancio, incluso atacando la capital; pero este proyecto fracasó en
tres ocasiones: en el año 669, en la campaña del 673 al 678 y
en la campaña del 717 al 718. Los califas habían sustituido al
Imperio Romano de Occidente como potencia dominante en
el Mediterráneo y poseían casi todas sus islas y orillas meridionales: sólo les restaba dar el salto y apoderarse de las orillas europeas no musulmanas para dar el golpe de gracia a
Bizancio mediante una pinza. Durante siglos, ese salto se
intentó repetidamente desde Sicilia, Malta y Chipre. Finalmente, los turcos lo conseguirían por tierra —y mar— en
1453, pero su empuje quedó definitivamente frenado en
1571 por Felipe II en Lepanto... hasta hoy, en que la inmi-
gración y el terrorismo muestran una nueva forma de expansión: desde los años noventa, el Islam es la segunda religión
de Europa. Y recuérdese que, cuando en dicha década y en
Bosnia, los musulmanes de Alía Izetbegovic vencieron a los
serbo-bosnios (1992-1995), en el desfile de la victoria los soldados musulmanes bosnios iban vestidos de blanco y llevaban sus cabezas ceñidas con cintas en la que estaban escritos
versículos del Corán: como *muyaidines*.

Para los visigodos vitizianos, la muerte de Vitiza y la
entronización de Rodrigo supuso una guerra civil en la que
ellos fueron derrotados; huidos de España, se refugiaron en

Ceuta, con su partidario el conde Julián. Las *Crónicas* de la época señalan que los hijos de Vitiza, confabulados con los judíos de la Península y los del norte de África, así como con el conde Julián, negociaron con Musa ibn Nusayr, *walí* de *Ifriquiya* (Tunicia) y del *Magreb*, y con su *mawla* (cliente, vasallo) Tarik ibn Ziyad, jefe beréber islamizado, la invasión de la Península para restituir a Agila II en el trono hispano-visigótico; en prenda de lealtad, el conde Julián entregó sus propias hijas como rehenes a los musulmanes. Los vitizianos creían que la ayuda solicitada tenía carácter limitado: sólo trataba de restaurar la legitimidad dinástica, sin proponerse entregarles el país ni el gobierno de Hispania, aunque ésta sí debió ser la intención de otros sectores menos satisfechos, como los judíos. Por ello, la casi totalidad de **los hispanovi-sigodos de la Península estaban convencidos de que los árabes penetraban en España como auxiliares del bando vitiziano**: eso es lo que paralizó al pueblo y a la mitad de la nobleza, porque la otra mitad (los «rodriguistas») se enfrentó con ellos. La prueba de esto es que el gobernador de Andalucía, el mismo Teodomiro que años atrás había frenado varios intentos musulmanes de desembarco en España, no les opuso la fuerza y resistencia de antaño: los árabes, que antes eran «el enemigo», venían ahora como los amigos de quien poco después podría ser su nuevo rey. No obstante, fue leal y envió un mensaje a quien todavía era su rey.

Claudio Sánchez-Albornoz, el maestro de los medievalistas españoles, escribió que el 28 de abril de 711 desembarcó Tarik en un punto de la costa que, desde entonces, empezó a ser llamado *Djebel-Tarik* (Gibraltar): además de los hijos de Vitiza, el conde Julián y el obispo Oppas, llevaba Tarik alrededor de 13.000 soldados musulmanes y probablemente un grupo de asesores judíos. Los «rodriguistas» se pusieron rápidamente en marcha: Benzo, sobrino del rey Rodrigo, salió con una pequeña tropa al encuentro de los musulmanes con el fin de oponer alguna resistencia, pero fueron exterminados. El rey estaba en el norte, tratando de dominar una nueva revuelta de los vascones; al recibir noticias de Teodomiro, marchó al sur para oponerse a sus enemigos y en Córdoba reorganizó su ejército, cometiendo el error de dar el mando de un sector de la caballería a Sisberto, un obispo vitiziano que acabaría traicionándole. Enterado de tal concentración de fuerzas, Tarik pidió refuerzos a Muza, quien le envió otros 5.000 beréberes, una legión de judíos y muchos hispanogodos que habían quedado en Ceuta. Con estas fuerzas, y las de los vitizianos que se agregaron en Andalucía, Tarik disponía de cerca de 25.000 hombres para enfrentarse con el ejército de Rodrigo, compuesto de cerca de 40.000 combatientes y con una superior caballería. El resto es bien conocido: cuando el rey iba ganando la batalla de Guadalete (Cádiz) contra los invasores, los vitizianos de su ejército (Sisberto, Oppas y otros) dejaron de luchar y se pasaron al bando enemigo: Rodrigo desapareció y con él acabó el reino hispanovisigodo.

Pero entonces los musulmanes no aclamaron como rey a Agila II ni le entregaron la victoria, sino que iniciaron su penetración hacia el interior. En ese momento se evidenció un cambio en los guerreros islámicos: habían llegado a Hispania como una fuerza mercenaria del bando witiziano y en poco tiempo parecieron variar de actitud, decidiendo quedarse y apropiarse de toda Hispania. ¿Por qué? ¿Qué o quién les hizo cambiar de actitud? Las *Crónicas* y las fuentes de la época dicen explícitamente que **los judíos** convencieron a los victoriosos musulmanes de que no entregaran el trono al hijo de Vitiza y de que se apropiaran de toda Hispania para ellos. Los historiadores han tratado de explicar ese hecho diciendo que los judíos recordaban las restricciones y persecuciones que habían sufrido con los godos, y buscaban obtener así un régimen más favorable para sus comunidades peninsulares y más provechoso para su comercio, un sistema que les permitiera ser como un Estado dentro del Estado: de hecho eso fue lo que pasó, y no sólo con ellos, sino también con los hijos de Vitiza y con algunos condes visigodos que quedaron como reyes o mandatarios de territorios peninsulares, aunque tributarios y sometidos al califa omeya de Damasco. Además, aquellos judíos tenían reciente el ejemplo de los *jázaros* de Ucrania, el primer Estado judaico después de la expulsión de Palestina (70 d.C.), así como los ventajosos pactos que los musulmanes habían firmado con los *dimmíes* («las gentes del Libro»: judíos y cristianos) del norte de África. Al igual que los vitizianos, también ellos se equivocaron: desconocían o habían olvidado que en Arabia el mismo Mahoma había expulsado a tribus judías (*Banu-Qaynuca* y *Banu-Nadir*) de sus territorios propios, había oprimido a otros (los judíos de Khaybar) y había exterminado a los varones de la tribu *Banu Qurayza*. No es, pues, extraño que siglos después, y al igual que los cristianos mozárabes, también los judíos acabaran sufriendo el fanatismo musulmán que ellos mismos habían propiciado.

La victoria de Guadalete dejó a los hispanovisigodos a merced del invasor: desbaratado cuanto podían oponerles como resistencia organizada, aniquilado el ejército y desaparecido el rey, todas las instituciones se desplomaron, con lo que la conquista árabe de España tuvo carácter de paseo militar. Los musulmanes completaron su victoria dividiendo sus tropas en tres grupos: uno, a las órdenes de Zaide, marchó hacia Écija, Málaga, Elvira (Granada) y sus respectivas comarcas; otro, dirigido por Mugueit el Rumí se dirigió a Córdoba, que consiguió tomar tras una fuerte resistencia; el tercero, mandado por Tarik marchó a la capital, a Toledo, donde sólo quedaban los judíos tras la huida de sus habitantes hispanogodos. Viendo Tarik la capital en manos de sus aliados, prosiguió su avance en persecución de los toledanos fugitivos, a los que persiguió hasta Alcalá de Henares: allí los masacró y evitó el posible inicio de una oposición organizada. Lo ocurrido en Toledo fue una pauta, pues los islámicos dejaban a los judíos y a los vitizianos el gobierno de pueblos y ciudades para reanudar su avance con total seguridad: así ocurriría en Sevilla en 712.

De este modo, mediante el engaño y la traición, la Península pasó a engrosar los territorios del *Dar al Islam* («la tierra del Islam»). Los nuevos dueños de Hispania llamaron *al-Ándalus* al país que acababan de conquistar, que hasta entonces se había llamado *Hispania*, como la pusieron los romanos, al igual que antes había sido *Iberia*, como la denominaron los griegos. Tras su consolidación en España, los musulmanes aspiraban a traspasar los Pirineos y extenderse por toda Europa, especialmente por las orillas septentrionales del Mediterráneo, como era su propósito. El resultado de todos estos sucesos es que ya **en el año 711 había en Hispania dos bloques socio-políticos diferentes y enfrentados entre sí**: por un lado, los musulmanes (que ya habían impuesto su dominio a los vitizianos a cambio de tierras y prebendas) junto con judíos y vitizianos dependientes de ellos y los *muladíes* o nuevos conversos hispanos; el otro bloque lo formaban los *rumíes* o cristianos. Éstos eran los astures, cántabros y vascones, así como los «rodriguistas» huidos que se habían refugiado y acogido entre ellos: los historiadores desconocen cómo pudieron unirse estos elementos antes antagónicos y enfrentados; pero no es erróneo pensar que los visigodos huidos convencieran a sus semisalvajes anfitriones de que los nuevos invasores serían mucho peores y más sanguinarios dominadores que ellos habían sido antes. Tampoco se sabe por qué diversas tribus o clanes aceptaron como jefe o caudillo de guerra a un visigodo llamado Pelayo, antiguo espatario (encargado de las espadas) de la corte del rey Rodrigo. Lo que es bien conocido de todos es que don Pelayo, los hispanovisigodos huidos y los astures prosiguieron la resistencia armada contra el invasor musulmán, iniciando así lo que se conoce como *la Reconquista*.

Para conocer realmente ese período tan importante en la Historia de España, de Europa y del mundo es preciso leer con seriedad y espíritu crítico las fuentes de aquella época: de ese modo se evitan construcciones ideológicas posteriores, como la falsa propaganda actual que afirma la pacífica «*convivencia de las tres culturas*» en España, algo que jamás existió pero que algunos repiten machaconamente para que los demás se lo crean, pues eso responde a la idea de lo «políticamente correcto» que ellos también han creado, aunque de hecho ellos mismos no lo practiquen en sus actuaciones. Ya en 1913 escribía el maestro Gómez-Moreno: *La invasión musulmana en España provocó varias reacciones: fuga casi general de la nobleza goda y del alto clero, traición y alzamientos por parte de los judíos, pasividad de las clases serviles, abandono en masa de algunas ciudades y resistencia de pocas, que unas obtuvieron conciertos y otras cayeron bajo la dura ley de la conquista [...]. Por de pronto, los españoles sometidos desaparecen de la Historia.* Y es que una guerra es siempre una guerra, aunque haya momentos en que el ardor bélico disminuya, o instantes en que se llegue a la confraternización (o al colaboracionismo, como ocurrió en la Francia de 1941), pues toda guerra implica muertes, odio y violencia, pero nunca convivencia. Recuérdese lo ocurrido en Bosnia, o lo que ahora mismo sucede en Irak o en Palestina: ni entonces ni ahora es lo mismo «*convivencia*» que «*coexistencia*», y entonces como ahora lo primero no se dio y lo segundo lo sufrieron los conquistados desde el principio. De ahí las continuas revueltas que se produjeron en *al-Ándalus*.

Dominio e imposición de la nueva fe y su cultura

El **asentamiento** en Hispania de los invasores islámicos, tanto árabes como sus auxiliares beréberes, fue constante, pero progresivo. Tras la conquista militar y dominio de sus principales ciudades, controlaron también sus vías de comunicación, tomaron el poder del país y se empezaron a asentar en el nuevo territorio incorporado a *Dar-al-Islam* (los territorios del Islam). Es preciso resaltar el número de los invasores; durante el escaso medio siglo de inicio y consolidación del *al-Ándalus* (desde su llegada en 711 hasta la independencia en 756), el número de islámicos llegados a la Península fue pequeño, aunque lógicamente creciente. Se admite que en 711 Tarik desembarcó en Hispania con 11.000 beréberes dirigidos por algo más de 300 árabes, a los que pronto se sumaron otros 5.000 hombres más entre vitizianos, árabes, beréberes y judíos que llegaron desde Ceuta; en 712 llegó el mismo valí Musa o Muza, con cerca de 18.000 musulmanes. Tras marchar ambos (Muza y Tarik) a Damasco para dar cuenta al califa Walid I de la conquista y la nueva situación, para recibir su preceptiva aprobación y apoyo, un nuevo valí —al-Hurr— arribó a *al-Ándalus* el año 716 con 400 árabes nobles, muchos beduinos árabes y muchos más beréberes. En el 719, su sucesor al-Samh trajo consigo bastantes guerreros, generalmente en la misma proporción que los anteriores; lo nuevo en este caso es que con estos guerreros se inició el sistema de la *iqtá*, que equivalía a la *enfiteusis* bizantina o usufructo y que siglos más tarde sería imitada por los Habsburgo austriacos. Entre los años 720 y 735 pasaron el estrecho de Gibraltar y se instalaron en *al-Ándalus* muchos grupos y familias beréberes, atraídas tanto por el reparto de tierras como por su fértil suelo. Por fin, y dentro de las llegadas exteriores masivas, el valí egipcio Balch al-Qusayrí tomó posesión de su valiato trayendo 7.000 sirios qaysíes y omeyas para sofocar las luchas internas que en *al-Ándalus* sostenían árabes *qaysíes* contra árabes yemeníes.

Mientras tanto, poco a poco la idea de «*la pérdida de España*» empezó a aflorar en los hispanovisigodos, tanto entre los islamizados —lo evidencian sus rebeliones en varios lugares— como entre los rebeldes hispanocristianos «rodriguistas» del norte de España. Y todos ellos eran conscientes del cambio que suponía. Así lo señalaba Gómez Moreno cuando hablaba de la **imposibilidad de una convivencia** de los musulmanes con los hispanos-visigodos: *Sin embargo, por encima de estas aproximaciones erguíase una espada inflexible: la de las conciencias. El musulmán podía casarse con una cristiana, pero ella no podía transmitir al hijo sus creencias,*

*pues lo que nacía de musulmán era musulmán so pena de la vida.
Y he aquí por dónde fue imposible la absorción que parecía entre-
verse, y cómo el elemento árabe, aun siendo minoría, se sobrepuso
con su ley y su religión por encima de los españoles.*

Esta absoluta intolerancia era normal en el mundo
musulmán: el mismo Mahoma lo enseñó y practicó en Arabia desde su huida a Medina, sometiendo por la fuerza de la
espada a las tribus árabes y judías medinesas y obligándolas
a pactar con él y a aceptar el Islam o sometimiento a Allah
como única religión. De este modo, Mahoma, que en La
Meca había comenzado como «*el profeta*» de Allah, se transformó en Medina en «*la espada del Islam*»; curiosamente, este
mismo título se le daría siglos más tarde a Saladino, el ven-
cedor de los cruzados, al igual que muchos musulmanes se
lo atribuyen hoy a Osama bin Laden: el nombre «Osama»
le ha sido impuesto a gran cantidad de niños musulmanes nacidos después de los atentados del 11 de septiem-
bre de 2001. Lo mismo que hizo Mahoma en Arabia ocurrió
en la España del siglo VIII, y pasó de ser un reino totalmente
cristiano y de cultura romana a ser un país islámico y de cultura
o mentalidad árabe. Para entender este hecho es importante
recordar que el sistema de los musulmanes para extender la
Umma o comunidad musulmana de creyentes y incorporar
territorios a «*Dar-al-Islam*», tenía **tres fórmulas** que también
se dieron en Hispania:

- La victoria militar musulmana, que acababa con la
rendición incondicional de los hispanovisigodos.
- La capitulación (*suhl*), que significa entregar una ciudad o un territorio a las autoridades del Islam con unas condiciones específicas pactadas con ellas.
- El tratado de paz (*adh*), que implica una cierta autonomía política para quienes pactaban con el Islam, que quedaban como «protegidos» (*dimmíes*) o como «aliados» y
podían seguir practicando su religión, mantener su libertad
y poseer sus tierras.

Con arreglo a estas tres formas de sometimiento, la suerte e inmediato porvenir de los hispanovisigodos fue diferente según la fórmula adoptada en cada caso; la mayoría hizo una capitulación (*suhl*), lo que les permitió ciertas garantías personales; también hubo algunos tratados de paz (*adh*), pero los resistentes y vencidos en la guerra sufrieron la peor parte (la esclavitud), por lo que procuraron huir hacia el norte y refugiarse en la cornisa cantábrica entre sus antiguos y levantiscos enemigos astures, cántabros y vascones: no tenían ya nada más que perder y así podían salvar la vida y su libertad.

Los habitantes de la Península Ibérica quedaron estructurados entonces en **cuatro grupos de población** notoriamente diferenciados. El primero lo constituían los *extranjeros*, los ocupantes árabes y beréberes, llegados como guerreros invasores o como inmigrantes islámicos con derecho a recibir tierras. El segundo grupo eran los *muladíes*, aquellos hispanovisigodos que se convirtieron al Islam para disfrutar del nuevo reparto de tierras tomadas a hispanogodos y «rodriguistas» vencidos, y los maulas o *mawali (mawali= clientes)*, no muladíes porque no renegaron de su fe, eran algunos hispanogodos y los judíos, entonces aliados de los musulmanes. El tercero era la minoría que no se hizo musulmana: por ser cristianos («gentes del Libro») no fueron forzados a convertirse, pero quedaron como «protegidos» (*dimmíes*) a cambio de pagar un impuesto anual (*yizya*): eran los «*mozárabes*». Estos tres grupos (los invasores árabes y beréberes, los muladíes y maulas, y los mozárabes) constituían la población *andalusí*. El cuarto grupo, formado por los prófugos hispanogodos resistentes y los levantiscos norteños que se agruparon en torno a Pelayo y sus sucesores, eran los cristianos o «*rumíes*», el germen de la España que mantuvo ocho siglos de lucha contra el invasor para reconquistar su propia tierra y recuperar su cultura y su libertad.

Fuentes documentales

Acerca de las fuentes de aquel período, dice Villalba Ruiz de Toledo que la historiografía hispanocristiana nos ha legado ciertas piezas de valor anteriores al siglo IX, si bien son obras referenciales como *latérculos*, *nóminas* o genealogías; pero también hay *Crónicas* que son importantes, pues ejercerán enorme influencia en los cronistas posteriores por exponer la mentalidad de los españoles de aquellos momentos iniciales de la Reconquista, en los que la prepotencia y la tiranía de los invasores producían un **sentimiento de rechazo en la población hispana del país y el deseo de «restaurar el reino de los godos».** Aquel rechazo se daba no sólo en los españoles sojuzgados que se resistían a cambiar de cultura y religión (rebeldes del norte y mozárabes), sino también en aquellos otros (la mayoría de Hispania) que habían aceptado el cambio (*muladíes* o renegados) porque esperaban mejorar su vida y fortuna: muestra de ello son las constantes rebeliones y motines que se dieron en *al-Ándalus* desde el principio.

Entre las principales **fuentes cristianas**, las famosas *Crónicas*, hay que destacar en primer lugar la *Crónica Mozárabe*, escrita alrededor del año 754, y en la que aparece claramente enunciada desde el principio la idea de la «pérdida de España» a manos de los invasores musulmanes. De igual importancia es, también, la *Crónica Profética*, incrustada en la *Crónica Albeldense*, la cual abunda en el mismo sentido: «*Hasta los mismos sarracenos predicen [...] que ha de restaurarse el reino de los godos sobre toda España...*». Para Sánchez-Albornoz, entre las fuentes contemporáneas de la invasión árabe y al margen de los latérculos y estas dos Crónicas, hay que incluir otra obra similar realizada hacia el año 800 y desgraciadamente perdida. Villalba, por su lado, sugiere centrar la atención en una media docena de obras fundamentales. En primer lugar, la *Crónica Albeldense*, redactada probablemente hacia el año 881 en Oviedo y que se articula como una historia de proyección universal; fue denominada por T. Mommsen como *Epítome ovetense* y, según el criterio de los estudiosos, cuenta con varios aspectos positivos en lo que a aportaciones historiográficas se refiere, como pueda ser la cercanía de los hechos narrados o la sencillez de la exposición. Hablando de la gesta de Pelayo, este documento medieval dice con toda sencillez: «*Desde entonces fue devuelta su libertad al pueblo cristiano y, por providencia divina, nació el reino de Asturias*». La segunda a tener en cuenta es la llamada *Crónica de Alfonso III*, de la que desconocemos realmente su autor, pero que parece claro que su primera redacción (versión *rotense*) fue depurada después por el obispo Sebastían (versión *ad Sebastianum*), corrigiendo el estilo literario y transformando algunos pasajes. Todos los estudios parecen coincidir en el lugar de redacción de la Crónica —la corte de Oviedo— pero no así en la fecha de elaboración. Aunque en menor medida, en ella se repite también la idea de la «restauración del reino de los godos».

En tercer lugar señalaremos la utilidad de la *Crónica de Sampiro*, cuya narración comienza en los primeros años del reinado de Alfonso III, si bien su lejanía en el tiempo le hace depender, para esta etapa, de otras referencias anteriores. La crónica se atribuye a Sampiro, notario de Bermudo II y también obispo de Astorga, quien debió escribir esta obra entre los años 1035 y 1040; sabemos de su existencia por haberse conservado refundida, entre otras, en la *Historia Silense* y en la *Crónica Najerense*. Así, la *Historia Silense*, redactada probablemente por un monje de Silos en la primera mitad del siglo XII, habría que clasificarla dentro de otro tipo de fuente, distinta a lo que denominamos propiamente como «crónica»; cronológicamente, la narración abarca desde los visigodos hasta el reinado de Fernando I. La *Crónica Najerense*, compuesta también en el siglo XII por un monje de Santa María la Real de Nájera, dedica uno de sus apartados al reino astur-leonés y otro específicamente al condado de Castilla. Como género independiente, pero también de alguna utilidad en nuestro recorrido, debemos citar los conocidos *Anales Castellanos*, de los que contamos con dos series diferentes.

27

Pero los historiadores necesitan contrastar unas fuentes con otras, con el fin de estudiar comparativamente y con espíritu crítico los datos que se tienen. Por ello resulta imprescindible acudir a las **fuentes musulmanas**. La cronística andalusí se desarrollará sobre todo a partir del siglo XI, gracias al impulso de 'Ibn Hayyan; pero ya desde el siglo IX contamos con algunas obras históricas que vierten ciertos datos de importancia para la reconstrucción, tanto de la conquista de la Península como de buena parte del desarrollo histórico del emirato de Córdoba. La inmensa mayoría de la producción de esta primera etapa se ha perdido o se encuentra todavía inédita; pero, para hacer un sencillo elenco o acopio de las obras más sobresalientes, es necesario comenzar por los escritos de los Banu al-Razi, varias generaciones de historiadores de los que sólo se conserva la obra de 'Isa al-Razi, conocida como *Crónica del moro Rasis*: las continuas referencias a este trabajo por parte de los cronistas musulmanes posteriores le otorga un valor considerable, incluso fuera de sus propias aportaciones. Junto a esta obra debe ser mencionado el *Ajbar maymu'ah*, que no es sino una recopilación de informaciones diversas y anónimas redactadas, probablemente, entre finales del siglo X y principios del XI, y que refieren la historia de *al-Ándalus* desde la conquista hasta los inicios del reinado de Abd al-Rahman III. De mayor interés, por contar con una confección más cuidada, hay que señalar el *Tarif iftitah al-Ándalus* (*Historia de la conquista de al-Ándalus*) de Ibn al-Qutiyah, que abarca una cronología semejante a la anterior.

Señala Villalba que en el siglo XI destaca sobradamente la figura del antes citado Abu Marwan 'Ibn Hayyan, el mejor representante de la maduración cronística entre los andalusíes; típico cronista cortesano, estuvo bajo las órdenes de la familia 'amirí (Almanzor y su hijo). Al margen de su gran obra prácticamente perdida, *al-Matin*, su gran importancia historiográfica procede de su obra *al-Muqtabis*, de la que sólo nos queda el tercer volumen y pasajes sueltos de los siguientes. Serán ambas obras una referencia constante para los escritores posteriores a él, como es el caso de Ibn Idhari, cronista de la segunda mitad del siglo XIII y autor de *al-Bayan al mugrib*. De los tres volúmenes que se conservan, interesa especialmente el segundo, que aborda la historia de *al-Ánda-lus* hasta 1086. Además, fuera de las fronteras peninsulares, es de suma importancia la obra de Ibn al-Athir titulada *al-Kamil fi-l-ta'-rif* y la de al-Nuwayri, que dedica los capí-tulos 5 y 6 de su *Nihayat al-arab* a España. Por último, cita Villalba las obras posteriores al siglo XIII, cuyas referencias a la época primitiva se apoyan siempre en los autores ya men-cionados, pero que son de gran utilidad debido a las innu-merables pérdidas que hemos sufrido de los originales de esos autores. Entre ellas hay que mencionar las de Ibn al-Jatib, de cuya extensa producción cabe resaltar su *A'mal al-A'lam* y el *Ihatah fi ajbar Garnata*. Pero, sobre todo, hay que destacar la inmensa aportación de Ibn Jaldun, de quien conservamos una *Historia Universal* en varios volúmenes: el cuarto de ellos es el más importante, porque narra la historia de la dinastía omeya en *al-Ándalus*.

El contexto histórico

El contexto en el que se deben ubicar los ocho siglos de existencia de *al-Ándalus* en España es la **Edad Media**, período que equivocadamente es tenido por oscuro, triste y radical-mente intransigente, aunque ya se va descubriendo poco a poco su tranquilidad social, rota sólo por las guerras de los nobles o el abuso de los magnates, su paz espiritual, su inge-nua alegría y sus avances y progresos (ciertamente lentos, pues no podía ser de otra manera) en el campo de la ciencia y del pensamiento. Por supuesto: como en toda época —compárese con la nuestra—, la muerte, la injusticia, el despotismo y la intolerancia eran también habituales en aquel mundo que, ante todo, era natural y sin demasiados artificios.

Hay tres ámbitos históricos:

- **Europa**: la Edad Media duró mil años y los historiadores la subdividen en tres grandes fases o estadios:

— *Alta Edad Media* (siglos V-XI): un largo período que comprende desde la caída y fragmentación del Imperio Romano de Occidente (Roma), la aparición de los Estados nacionales creados por la llegada de los «bárbaros» germanos, las invasiones musulmana, vikinga o normanda, mongol y turca, hasta el siglo XI, cuando el papa Urbano II instó a reyes, nobles y pueblos cristianos a una Cruzada.

— *Plena Edad Media* (siglos XII-XIII): abarca la época de las Cruzadas, la revolución en el comercio, el desarrollo de la cultura, la aparición de las universidades, el nacimiento de una nueva clase social de hombres libres (los burgueses, un sector formado por artesanos y comerciantes), el comercio a gran escala, y el desarrollo de una sociedad nueva que cantaba las gestas heroicas, el amor cortés y la vida sin dejar de cantar a Dios.

— *Baja Edad Media* (siglos XIV-XV): un espacio de tiempo en el que coexisten los últimos momentos, personajes e instituciones medievales junto con las transformaciones y cambios que supone lo que ya entonces se denominó «Renacimiento» de la cultura clásica greco-latina. Éste es el tiempo de los libros de caballería, de la difusión del teatro, pero también el de la lucha de los magnates de la alta nobleza contra las familias reales para conseguir el poder.

- *Al-Ándalus*, con estos períodos y subperíodos:

— *La España Omeya* (711-1035):

— *Emirato dependiente del califa omeya de Damasco* (711-750). Ubicación de árabes, beréberes, mozárabes, muladíes, maulas, judíos, visigodos vitizianos y rebeldes; imposición del Islam; primeras rebeliones (astur, beréber, vascona, etc.).

— *Emirato independiente del califa abasí de Bagdad* (756-912). La llegada a *al-Ándalus* del último omeya vivo, el joven **Abd al-Rahmán I ibn Moawiya al-Dalil** («*el fugitivo*», 756-788), inició un período de independencia del «usurpador» poder de Bagdad; también en este período nacen los distintos reinos hispano-cristianos que combatirán con los andalusíes para «restaurar el reino de los godos».

— *Califato omeya independiente del califa abasí de Bagdad* (912-1035). **Abderramán III al-Nasir** (912-961) rompió definitivamente con Bagdad y en 929 se proclamó «Califa»; marcó el máximo esplendor andalusí. Fue sucedido por **al-Hakan II** (961-976) e **Hixam II** (976-1009), en cuyo reinado el califato estuvo realmente dirigido por los «amiríes»: Ibn Abú Amir al-Mansur (**Almanzor**, 981-1002) y sus hijos Abd al-Malik al-Muzaffar (1002-1008) y Abderramán Sanchuelo (1008-1009). Tras la revolución de Córdoba en 1009 empezó un período de anarquía que se prolongó durante dos décadas, en el que hubo 14 califas más, hasta la desaparición del Califato de Córdoba en el año 1031.

— *Taifas e imperialismo fundamentalista islámico* (1035-1216):

— *Las primeras taifas* (1035-1090), medio siglo de desmembración. *Al-Ándalus* se fragmentó en numerosos núcleos independientes, al frente de los cuales se situaron los llamados «reyes taifas»: los del sur dirigidos por beréberes, los de la zona oriental por eslavos «fata», los del interior por familias nobles andalusíes de origen árabe o muladí. Sus continuas guerras permitieron intervenir a los reyes cristianos e imponerles tributos o «*parias*» por ayuda militar o para no ser atacados. Para luchar contra los cristianos llamaron en su auxilio a los almorávides (beréberes, de Marraquesh).

— *El Imperio almorávide*, el fundamentalismo del norte de África (1090-1144). Confederación de tribus beréberes, los almorávides (*al-murabit*, hombres del «ribat», monjes-soldados) conquistaron el norte de África entre 1055 y 1080, y en 1070 pusieron su capital en Marrakech. Las taifas de Sevilla, Granada y Badajoz pidieron ayuda al «emperador» **Yusuf ibn-Tesufin**: venció al rey Alfonso VI en Sagrajas (1086) e invadió *al-Ándalus*: Granada se convirtió en la capital de la España almorávide.

— *Las segundas taifas* (1144-1147). De nuevo *al-Ándalus* se resquebrajó y surgieron las segundas taifas, pero tuvieron una existencia efímera porque un nuevo imperio norteafricano, el almohade, acabó con estos reinos.

— *El Imperio almohade* (1150-1212). Estos fundamentalistas africanos (*al-muwahhidun*, partidarios de la unicidad) crearon otro imperio beréber norteafricano que durante otro medio siglo también dominó *al-Ándalus*. Radicalmente opuesto a los almorávides, su líder Ibn Tudmar (1089-1128) hizo una reforma o reelaboración del Islam. Con **Abd al-Mumin** (1130-1163), conquistaron las zonas almorávides del norte de África: en 1147 tomaron Marrakech, haciéndola capital también del Imperio almohade. Iniciaron su dominio de *al-Ándalus* tomando Sevilla (que se convirtió en la capital andalusí-almohade) y lo culminaron en 1172 y 1195 con los califas **Yusuf I** (1163-1184) y **Yusuf II** (1184-1199). Para evitar el desastre, los reyes cristianos hicieron un frente común contra los almohades, y los destrozaron en 1212 en la batalla de las Navas de Tolosa.

— *Las terceras taifas* (1217-1492/1514):

— *Última descomposición de al-Ándalus* (1217-1247). Los escasos reinos islámicos en España pagaron tributos y «parias» a los reinos cristianos para comprar su supervivencia y asegurar su protección.

— *El Imperio de los benimerines* (1246-1410). Los *Banu Marin* o Mariníes fueron una dinastía beréber que sucedió a los almohades en el Magreb occidental (Marruecos) desde mediados del siglo XIII hasta principios del siglo XV. Intervinieron en la vida política del reino Nazarí de Granada y fueron el apoyo básico de la resistencia musulmana contra los reinos cristianos. Acabaron derrotados por el rey Alfonso XI en la batalla del Salado (1340).

— *El esplendor nazarí del Reino de Granada* (1237-1492). El reino nazarí, el único andalusí que quedaba, destacó singularmente por su arte y cultura, y se caracterizó por sus luchas dinásticas y por el enfrentamiento entre dos familias granadinas. Los *Zegríes* («fronterizos» o gente que defendía las fronteras) constituían un linaje nobiliario que jugó un papel importante en las luchas políticas de la Granada nazarí del siglo XV y odiaban a muerte a los Abencerrajes. Los Abencerrajes (*Banu Sarray* o «hijos del talabartero») eran de origen africano y fueron muy importantes en la vida política de la Granada del siglo XV, alcanzando su mayor poder y fuerza con el sultán Muhammad IX, del que fue visir Yusuf ibn Sarray; luego decayeron y fueron perseguidos. El reino nazarí subsistió mientras pagaron las «parias» a Castilla, pero acabaron vencidos por los Reyes Católicos, que entraron en Granada el 2 de enero de 1492.

— Epílogo de la presencia islámica: *los moriscos* en la España del siglo XVI. Al igual que los judíos conversos, los moriscos decían ser cristianos, pero la mayoría seguía practicando el Islam, además de mantener sus usos, costumbres y vestidos tradicionales. Eran peligrosos para sus vecinos cristianos porque actuaban como espías de los piratas berberiscos que raptaban a los españoles cristianos en sus propias casas y pueblos de España, y les llevaban cautivos a su tierra (Berbería) para liberarlos después mediante un pago o rescate: los frailes mercedarios o los trinitarios compraban su libertad y los repatriab an a España. Los moriscos perduraron desde 1492 a 1614, en que Felipe III finalmente los expulsó: la medida fue celebrada en las costas españolas del sur y levante con júbilo y alivio, como también en Portugal: desde entonces se dijo «*No hay moros en la costa*» para señalar que en una acción no había peligro. La mayoría de los moriscos pasó al norte de África donde se les conoció como los «andalusíes» (*andalusiyyun*) o «gentes de *al-Ándalus*» (*ahl al-Ándalus*).

• **La España cristiana**: El bando con el que se enfrentaban los islámicos en España era los hispano-cristianos que querían liberar su tierra y la de sus antepasados de la opresión del invasor, recuperar su libertad religiosa y «restaurar el reino de los godos», como se decía al principio de la Reconquista. En ese contexto fueron apareciendo *los cinco reinos* cristianos de España (León, Aragón-Cataluña, Castilla, Navarra, Portugal), que primero se consolidaron, luego se fueron expandiendo paulatinamente (¡durante ocho siglos!) y acabaron consiguiendo expulsar al invasor y restaurar la perdida unidad de España.

CAPÍTULO II

El Islam, religión de Mahoma

En árabe, la raíz *slm* tiene el significado de «someterse», de «aceptación», «conformidad con algo», «confianza en alguien», y se refiere a la actitud de todo aquel que acepte lo dispuesto por Dios. La derivación de esa raíz produce otras muchas palabras, como *muSLiM* (musulmán, el que se somete a la voluntad de Dios), *iSLaM* (la religión mahometana), *SaLaM* (la paz, objeto del saludo musulmán *al-Salam aleikum* (la paz sea contigo), al que se responde *aleikum salam*), *SaLM* (la salvación eterna, el Paraíso con Dios) y *taSLiM* (aceptar la voluntad de Dios). Por otro lado, el Islamismo es una religión intensamente monoteísta en la que el nombre principal para Dios es **Allah**, palabra ésta proveniente del árabe *al-Illah*, que significa «*(el) Dios*». Tan riguroso y extremo es el monoteísmo de los islámicos que el mayor pecado que se puede cometer es asociar a Allah con cualquier otra cosa creada; un cristiano es un asociador porque, para el Islam, Jesús fue creado, no es Dios. Mandel Khan explica que el término «musulmán» es la traslación al castellano de la palabra árabe «*muslim*», participio activo del verbo *aslama*: es «el que se somete a Dios».

Como ya se dijo en el capítulo anterior, la actividad «profética» de Mahoma se había iniciado hacia el año 612, tras sufrir una de sus crisis de epilepsia (él habló de una aparición) en el monte al que acudía para meditar: dijo que el Arcángel Gabriel le había comunicado mensajes divinos acerca de la sumisión (*Islam*) al Dios único como objetivo principal de la vida terrenal de los hombres. Según los musulmanes, ésa había sido una de tantas apariciones donde Dios le transmitía lo que él debía enseñar a los hombres; y así, por medio de estas revelaciones, surgió el Corán, que mucho más tarde se pondría por escrito. Actualmente, el Islam tiene más de 1.000 millones de seguidores en el mundo y, aunque Mahoma es su fundador, no se debe llamar *Mahometismo* a esta religión, sino *Islam*: esa palabra significa esencialmente «sometimiento» a la voluntad de Allah y a su divina autoridad, y los términos «musulmán» y «mahometano» están directamente relacionados con ese concepto.

Para los musulmanes, Mahoma es el último y el más grande de los profetas, aunque establecen una separación: desde el punto de vista religioso, los musulmanes conciben el Islam como el monoteísmo que se dio a conocer a la humanidad desde la creación y que fue revelado mediante muchos profetas anteriores a Mahoma; pero, desde el punto de vista histórico, el Islam es una religión compleja que, según ellos, no es el fruto ni la creación de un hombre. Por eso los musulmanes exaltan a Mahoma hasta el punto de perder el sentido crítico y afirman que ya en su juventud fue reconocido como «profeta» por hombres santos y eruditos, tanto judíos como cristianos, pues su condición de profeta se manifestaba por ciertas marcas en su cuerpo y otras señales milagrosas; esto no es sólo una necedad, sino una evidente contradicción: sólo un musulmán puede creer que Mahoma fuera un profeta, pues nadie de religión cristiana ni judía podría creerle profeta, sino impostor o alucinado. Si le creyeran profeta de Dios, no serían ni cristianos ni judíos, sino musulmanes seguidores suyos.

Las **ideas claves** de la teología o doctrina del Islam son que *«Alá es el único Dios»* y es tan omnipotente, omnisciente y trascendente que es prácticamente imposible conocerlo. El Islam afirma también que *«Alá ha enviado muchos profetas»*, de los que el Corán menciona veintiocho: aunque dice que Jesús fue un «profeta» sin pecado, establece claramente que Mahoma es el último y el «más grande de todos los profetas». La tercera idea es que *«De los cuatro libros inspirados, el Corán es el más importante»*; los otros tres son el *Tauret* (la *Torah* de Moisés o Pentateuco), el *Zabur* (los Salmos de David) y el *Injil* (los Evangelios de Jesús): por eso los musulmanes consideraban «gentes del Libro» a judíos y cristianos. La cuarta idea es que, además de Dios, existen *«tres tipos de seres intermediarios»*: los ángeles, los ángeles caídos (*djinn* o demonios), y el jefe de los demonios, *Iblis* o *Shaitan* (Satán). Y, finalmente, su escatología establece que al fin del mundo habrá *«un día del juicio final, una resurrección, un cielo y un infierno»*, y cada hombre será juzgado en una balanza: el peso de los hechos buenos deberá ser mayor que el peso de los hechos malos para quien aspire al cielo, que el Corán describe como un lugar de placeres sensuales y gratificación.

El término «religión» equivale a religación o relación del hombre con Dios. Al revés que los escolásticos medievales, que no sólo creían en Dios y le amaban, sino que también trataban de explicarlo, Mahoma y los musulmanes le veían tan trascendental y omnipotente que no trataron de explicarlo, sino de aceptarlo y someterse a Él: *islam* es «sometimiento». Junto a esta doctrina básica y simple, el Corán establece los que son llamados **los cinco pilares del Islamismo** y que son prácticas culturales: *al-Shahada* o credo musulmán, *al-Salat* u oración ritual varias veces al día, *al-Zakat* o limosna solidaria, *al-Sawn* o ayuno en el mes de *Ramadam*, y *al-Hach* o peregrinación a La Meca. Los grupos o sectas islamistas más ortodoxas o extremistas a menudo agregan un sexto: *al-Yihad* o «guerra santa», en la cual se usa la fuerza para vencer a los infieles y para difundir el Islamismo; en Corán 2,173-175, en 9,5 y 9,29, se autoriza la violencia y el uso de la fuerza. Más aún: a los soldados que mueran durante el combate contra los infieles (contra quienes no tengan a Allah como su Dios y a Mahoma como su profeta) se les promete el paraíso por toda la eternidad en compañía de un harén de vírgenes.

Respecto a las **facciones o grupos** en los que se ha ido dividiendo la *umma* o comunidad de los creyentes en el Islam (es lo mismo que la *Iglesia* para los cristianos), se ha señalado antes que la mayor parte de los musulmanes siguen la *Sunna* o tradición, por lo que reciben el nombre de *sunníes* o sunnitas; las doctrinas sunníes nacieron casi a fines del siglo IX, aunque la sistematización completa de su teología se desarrolló durante el siglo X y se produjo como resultado de una reacción ante los prematuros movimientos cismáticos de grupos como los jariyíes, los mutazilíes y los shiíes. Prescindiendo de los *jariyíes*, seguidores de Alí (el yerno de Mahoma), al que abandonaron como traidor a Allah, tras la muerte de Mahoma se produjeron las primeras desavenencias por el poder y las primeras divisiones ideológicas: así apareció la *Shiat Alí*, que significa «los partidarios de Alí» y cuyos seguidores son los *shiíes* o chiitas. Alí ben Abú-Talib había sido el yerno del «profeta» por estar casado con su hija Fátima, así como el cuarto califa de la *umma*; aunque los sunníes le veneren como el último de «los cuatro califas justos», los chiitas o shiíes consideran que su forma de regir el Islam fue la más pura representación de la religión original de Mahoma. Pero lo que les mantenía unidos al principio no eran los dogmas, sino su apoyo político a Alí como jefe de la comunidad musulmana y su oposición a los que se habían rebelado contra él, como Muawiya (el fundador de la dinastía Omeya) y los jariyíes. Por eso, a la muerte de Alí en el año 661, muchos cuestionaron la legitimidad de Moawiya para el cargo de califa, lo que dio lugar a que incluso sus partidarios se dividieran: sin embargo, los *shiíes* permanecieron unidos al considerar que el califato debía ser ocupado por descendientes de Alí. Hoy en día los *shiíes* o chiitas constituyen el 10 por ciento del mundo islámico, mientras que el 90 por ciento es *sunní* o sunnita; la mayor parte de los shiíes se concentra en Irán y hay muchos en Irak, como ya conocemos por la guerra y la rebelión de los seguidores del imán Muqtada al-Sadr en Nayaf a mediados de 2004.

Respecto a la **doctrina musulmana**, su formulación más sencilla o «credo» es la *shahada*: «*No hay otros dioses sino Allah, y Mahoma es el profeta de Allah*». Esta frase expresa con sencillez toda la fe del Islam: Mahoma predicaba sólo lo que Dios le había transmitido. El Islam acepta como «fuentes de la fe» islámica mayoritaria (la *sunní* o sunnita) el *Corán*, el *Hadîth* («los dichos del Profeta», que forman la tradición o *Sunna*), los *Maghâzî* (que tratan de las expediciones militares del «profeta» y de sus fieles o compañeros) y la *Sîra* (biografía hagiográfica de Mahoma). El *Corán* (*al-Qur´am*= «la recitación») fue definido por el mismo Mahoma como *la Revelación del Señor de los mundos* (Corán 26, 192), *un Corán glorioso, en una Tabla bien guardada* (85, 21-22), *un Corán árabe* (43, 2), *aclaración de toda cosa y guía, misericordia y contento para los musulmanes* (16,91). En la religión islámica, la «revelación» de Dios a Mahoma es denominada *tanzil*, es decir, «bajada», pues «dicen» por mediación del ángel Gabriel bajó sobre Mahoma en la noche de Kadir, durante el mes sagrado del Ramadán; esa «revelación» está contenida en el *Corán*. Éste tiene 114 *suras* o *azoras* (los capítulos), y cada uno de ellos está compuesto de versos o *aleyas* (versículos); las suras o capítulos —excepto el primero, más conocido como *fatiha*— están ordenados empezando por los más largos («La Vaca», «Las mujeres», «La mesa servida») y acabando por los más cortos. Según los doctores de la ley musulmana (los *ulemas*), hay cuatro temas fundamentales en el libro sagrado: las creencias de la fe (*al-Agida*), los cultos (*al-Ibáda*), la moralidad (*al-Ajlág*) y las relaciones sociales entre los hombres (*al-Mu'amalát*). El Corán, además de ser un libro sagrado, es probablemente la obra más importante de la cultura árabe por la belleza del estilo y por el ritmo inigualado en la lengua árabe, la cual, todavía hoy, es la lengua sagrada para todos los musulmanes del mundo. Se podría incluso afirmar que sus textos han hecho del idioma árabe el principio de su identidad nacional, ya que los pueblos árabes utilizan en la actualidad la lengua coránica para comunicarse entre ellos: es la *lengua franca* (antes se decía *koiné*) que supera la diversidad de los respectivos dialectos.

El Corán vertebra todo el pensamiento, la mentalidad y la vida del mundo musulmán, pues para ellos es la expresión o puesta por escrito de la voluntad de Dios y la recopilación de sus «revelaciones» a Mahoma durante casi veinte años; por tanto, refleja la voluntad de Allah, su pensamiento y designio hacia el mundo y los hombres, que deben someterse a Él. Por el contrario, para un historiador occidental la lectura comparativa del Corán junto con la de otros textos árabes, bizantinos o persas de esa misma época, le permite ver que la mentalidad que refleja ese libro es la propia de la sociedad de aquel entorno y de aquella época, no el mensaje de un Dios atemporal y eterno que habla a la Humanidad de todos los lugares y de todos los tiempos. En su regulación de la *umma* o comunidad islámica, el Corán apenas contiene prescripciones rituales ni reconoce ningún sacerdocio: la importancia social de esto es que no existe un clero islámico, ni una clase sacerdotal, como ocurría con los levitas judíos o con el estamento eclesiástico entre los cristianos. También tiene el Corán un sentido moral, lógicamente conectado con la religión: por primera vez introdujo Mahoma en la sociedad tribal de Arabia el concepto de «pecado», algo nuevo allí: el árabe sabía lo que era un perjuicio, y cuando lo recibía exigía una reparación, pero Mahoma le enseñó que aquello, además, era una falta contra Allah que mandaba actuar bien con los demás. En tercer lugar, el Corán tiene también un sentido social: el Islam hizo de la caridad un deber social y religioso: todo musulmán que poseyera más de veinte camellos estaba obligado cada año a consagrar el 2,5 por ciento de sus ganancias a Dios, entregándolo en limosnas a los pobres o donándolo a una institución que se encargase de ese reparto. Con ello, el *zaqat* (contribución solidaria anual —no es un impuesto— o segundo «pilar» del Islam) era un acto no sólo religioso, sino social, viniendo a ser un remotísimo antecedente del socialismo doctrinario y del «Estado de bienestar» actual.

Un cuarto sentido del Corán, como ha señalado María J. Viguera Molíns, es el sentido político: el Islam configura la institución política que denominamos el «Estado islámico». Dice esta autora que las ideas vertebrales de lo que debe ser un Estado islámico fueron reflejadas en la llamada «constitución de Medina», escrita en el primer año de la Hégira (622), en la que el propio Mahoma regulaba las actividades de su comunidad, aquella reducida *umma* que en menos de un siglo se extendería entre la India y España. En aquel medio tribal basado en el parentesco de sangre, Mahoma implantó una ley suprema basada en la voluntad de Dios y en la hermandad de los creyentes; y de este modo creó una *teocracia*, un sistema basado en que los árabes debían someterse a Dios a través de la obediencia a los mandatos de Mahoma, que era el «profeta» o portavoz de Dios. Evidentemente, el poder de Mahoma fue el más absoluto que ha existido en la Tierra, mucho mayor aún que el del Papa de Roma, quien tan sólo habla en nombre de Dios cuando trata *ex catedra* de cuestiones dogmáticas y morales. A su vez, los *hadices* (los dichos del Profeta) desarrollaron también la doctrina de la obligación de reconocer a un soberano, califa o imán de toda la comunidad musulmana, recogiendo algunas frases de Mahoma: *Quien me obedece, a Dios obedece; quien me desobedece, desobedece a Dios. Quien obedece a su jefe, me obedece a mí, y quien le desobedece, me desobedece a mí.* Eso explica que, tras la muerte de Mahoma en el año 632, sus sucesores improvisaran una monarquía electiva que inicialmente recayó en cuatro de los allegados al «profeta» (a los que la tradición denomina los «califas perfectos» u ortodoxos), hasta que en 660 el califato fue a parar en un miembro de la poderosa y riquísima familia mequí de los Ummaya (llamados Omeyas en España).

Además, es bien conocido que el Corán tiene también un sentido jurídico: aunque el Corán es aceptado por la mayoría de los musulmanes como la palabra de Dios en sentido literal, no es menos cierto que los musulmanes le consideran una de las fuentes principales del Derecho islámico (junto con la *Sunna* —la conducta y actuación de Mahoma— para los sunníes y las enseñanzas de los imanes para los chiíes). Ése es el origen de la *Sharia* o ley islámica, con la que en muchos lugares de Asia y África se juzgan aún hoy muchos casos civiles y penales en numerosos actos judiciales. El Derecho islámico se denomina *fiqh*, y los expertos en ella son los *alfaquíes*, encargados de sistematizarla y aplicarla, pero el Corán es la fuente principal a la que todos se remiten; si los expertos en él son los *talibanes*, no es difícil suponer la dirección que tomarán todas sus decisiones ni el fanatismo del que estarán impregnadas.

Finalmente, ese libro es la base y fundamento del Islam, y es el *Sagrado Corán* del Islam, equivalente a la *Torah* judía y los *Evangelios* del Cristianismo. Pero no es su única fuente de fe: al igual que en el Catolicismo, el Islam posee, además del Corán, una tradición (*Sunna*), que significa «camino transitado» y equivale al ámbito de lo usual y admisible, y que está compuesta por los *hadices* o relatos, que son los dichos y hechos de Mahoma puestos por escrito desde el siglo VIII hasta el X, y por los otros dos libros expuestos arriba; fuera de la ortodoxia sunní quedan las innovaciones (*bida*) de tratadistas posteriores. Por su parte, los chiíes reconocen además los *hadices* de sus propios imanes. Por todo ello, el Corán despertó interés en los países cristianos a lo largo de la Edad Media: no es extraño que ya en el siglo XII fuera traducido al latín en la llamada «escuela de traductores» de Toledo, una entidad que nunca existió como tal sino que era un grupo de expertos en lenguas que tradujeron obras del árabe, del griego y del hebreo al latín y a la lengua romance castellana por iniciativa del arzobispo de Toledo, quien pagaba generosamente sus trabajos.

Por último, una de las características esenciales de la religión islámica es su **fanatismo radical** o su radicalismo fanático, que exige extender el Islam como la única verdad revelada por Dios y la única religión posible. Este radicalismo se conoce en España desde siempre, pues su fanatismo y opresión se padecieron durante ocho siglos.

La *yihad* y la expansión del Islam

En árabe, *yihad* significa «combate», «esfuerzo» y es algo obligatorio para todo musulmán, pero hay dos *yihad*: el interno y el externo. El combate mayor (*al-yihad al-akbar*) o *interno* es también conocido como *yihad al-nafs*, y es entendido como una lucha interna, individual y espiritual en contra del vicio, la pasión y la ignorancia; éste es el que destacan ahora los musulmanes moderados, y viene a ser el autodominio o esfuerzo personal para cumplir con el Islam. El combate menor (*al-yihad al-asgar*) o *externo* exige tomar las armas para extender las fronteras del mundo islámico y también para defender a la comunidad islámica contra el ataque de fuera: aunque ahora los musulmanes de Europa y EE.UU. intenten minimizar su importancia en la religión musulmana y pretenden negar su fuerza en la comunidad islámica, esta *yihad* es la que hoy existe, es su revancha contra Occidente (los «cruzados») y se predica en todo el mundo islámico con una notoria carga de odio y venganza. La *yihad* divide el mundo en dos territorios: el **Dar al-Islam** (morada del Islam), donde reina la paz —«su» paz— en forma de *sharia* o ley islámica, y el **Dar al-Harb** (morada de guerra, es decir, no musulmana), las regiones donde la sociedad islámica no domina y en la que estamos comprendidos todos los que no somos musulmanes. Durante los siglos XX y XXI han surgido algunos ulemas intentado suavizar esta distinción; sin embargo, la concepción habitual musulmana de un mundo dividido en esos dos tipos de territorios mantiene su validez en la teología islámica: esta teología, que condujo y guió la expansión del Islam, sigue siendo la doctrina aceptada por el Islam de nuestros días.

El *yihad* menor o externo, desgraciadamente el más conocido hoy en el mundo occidental, se define con el significado de «*guerra santa*» en contra de las tierras y de las gentes infieles (los no-musulmanes); ambas formas de *yihad*, la mayor o interna y la menor o externa, son doctrinas prescritas en el Corán y los *hadices* (dichos del «Profeta»). Para los sunnitas, el bloque más importante del Islam, la «guerra santa» ofensiva o atacante es la única forma de guerra teóricamente permisible para extender el Islam y combatir contra los infieles de *Dar al-Harb*; en estos países, como los musulmanes creen que el Islam es la última y la más elevada de las religiones, piensan que el mundo entero debe al menos someterse a su regla y ley cuando no se somete a su fe. Esa es la explicación de las polémicas por el velo islámico en escuelas europeas o por las caricaturas de Mahoma. Hasta que los infieles (los no-musulmanes) se conviertan al Islam o se tornen en *dimmíes* tributarios, **la *yihad* contra los no musulmanes es un deber** para todo hombre musulmán, adulto y capacitado; en esta doctrina islámica de la *yihad*, todo musulmán *muyaidin* («guerrero santo») que muera en la *yihad* automáticamente se convierte en *sahid* (mártir de la fe) y tiene reservado un lugar especial en el Paraíso, donde será servido por un harén de doncellas vírgenes.

Como toda doctrina musulmana, la doctrina islámica de la *yihad* se basa en lo que hizo Mahoma: él denominó *muhadyirum* («compañeros») a los primeros musulmanes de La Meca que como él huyeron de su ciudad y marcharon a Yatrib (Medina), donde se instalaron; eran los más fieles y constituían el mejor apoyo del «Profeta». A estos discípulos y seguidores agregó los nuevos conversos de las tribus árabes de Medina, a las que denominó *ánsar* («auxiliares» o «ayudantes», nombre honorable que Mahoma les puso). Posteriormente, los demás árabes pactaron con él y se convirtieron al Islam, como los medineses; por último, se añadieron los conversos nuevos (antes judíos, cristianos y mazdeístas o zoroatristas) de los pueblos no-árabes, a los que sus sucesores denominaría *mawla* (o *mawali*, en plural: «clientes», dependientes, aliados). Su vigor religioso fanatizaba a sus seguidores, que empezaron a combatir con inusual energía: toda Arabia se le fue sometiendo hasta, por fin, conquistar su ciudad de origen, La Meca. A partir de entonces, el mismo Mahoma inició la conquista de todo territorio cercano para hacerlo «tierra del Islam» y lanzó varias campañas contra las fronteras del Imperio bizantino y contra los persas, campañas que fueron continuadas por sus sucesores: a la muerte de Mahoma en 632, sus sucesores (*jalifa*) continuaron su obra y durante los siglos VII y VIII prosiguieron la rápida difusión del islamismo a través de la conquista militar. Su éxito fue tan grande que alrededor del año 650 ya se había construido un Estado islámico que abarcaba Arabia, el Creciente Fértil, (Palestina, Israel, Líbano, Jordania) Siria, Iraq e Irán. A principios del siglo VIII el Islam dominaba una amplia área que se extendía desde España hasta China y la India, pues los musulmanes habían avanzado en todas las direcciones para extender su religión:

• Hacia el norte de Arabia, tras tomar las zonas meridionales y periféricas del Imperio Bizantino, habían chocado con éste sin poder dominarlo: durante ocho siglos, Bizancio fue el escudo del mundo cristiano en el este de Europa, como los reinos de España lo fueron en el oeste.

• Hacia el este de Arabia, los musulmanes se adentraron en Persia (el actual Irán) y en Asia central. Alrededor del año 667, cruzaron el río *Oxus* (hoy, Amu Daria) y en 751 tomaron Samarcanda y Tashkent (ahora, en Uzbekistán). Otros ejércitos árabes ya habían alcanzado Sind (una provincia actual de Pakistán) y el delta del río Indo en el 712. Satisfechos con los botines y tributos, no se asentaron en estas regiones orientales, pero difundieron el Islam entre sus habitantes.

• Hacia el oeste de Arabia, después de tomar Egipto, avanzaron por el norte africano hacia el *Magreb* (el oeste), llegando a Ifriquiya (Tunicia), a las zonas beréberes y tomaron Ceuta, que se les rindió y capituló con ellos en el año 710. El paso siguiente fue pasar la frontera marina del Mediterráneo y desembarcar en el extremo occidental de Europa, en la Hispania de los godos, y crear un Estado islámico nuevo al que llamaron *al-Ándalus*.

La evidente rapidez de la difusión de esta religión debe atribuirse no a la difusión pacífica de su fe sino al uso de la **fuerza militar**; Mahoma había atraído al Islam a los pueblos árabes de la Península Arábiga gracias a la firmeza de su carácter, a la promesa de una salvación eterna para aquéllos que murieran luchando por el Islam y al botín de bienes materiales que conseguirían quienes triunfaran en la conquista. Las *razzias* o ataques aislados de las primeras etapas de esta expansión no tardaron en convertirse en auténticas invasiones, en las que imperios y naciones se fueron rindiendo al poder de ese nuevo fenómeno religioso, militar, político, económico y social. Eso fue lo que ocurrió en Hispania; pasó de ser una nación de cultura grecorromana y religión cristiana a ser una de las principales tierras musulmanas *sunnitas*.

Los mahometanos llaman «*asociadores*» a los no musulmanes, pues su extremado monoteísmo dice que el mayor pecado es asociar a *Allah* con cualquier otra cosa creada, sea un ídolo, sea un hombre como Jesucristo. Para el Islam existen **dos tipos de infieles** no musulmanes: el *kafir* (pagano) y el *ahl al-kitab* (los pueblos del Libro). La expresión «los pueblos del Libro» (la Biblia) se refería originalmente a judíos y cristianos, pero más adelante incluyó a otros grupos como los zoroástricos; los «pueblos del Libro» sólo necesitarían someterse a la autoridad política de los musulmanes para evitar la *yihad* contra ellos y podrían conservar su fe de origen; pero su estatus, definido como *dimmíes* (los protegidos) era inferior al de los musulmanes y deberían pagar el prescrito *yizya* (impuesto de capitación —por cabeza o persona—). En cuanto a los paganos (los *kafirum* o cafres), es decir, aquéllos que los musulmanes no reconocen como «pueblos del Libro», como budistas e hindúes, deberán convertirse al Islam o ser ejecutados; no obstante, tan drástica alternativa no solía practicarse. Pero la peor situación de todas las posibles sería la del *renegado* o apóstata del Islam: no hay camino de vuelta ni «marcha atrás» para aquél que se ha convertido al Islam —ya fuera antes un *dimmí* o un *kafir* pagano—, pues es un pecado capital abandonar el Islam, incluso para unirse a una religión de reconocida revelación divina.

No obstante, algunas veces también la *yihad* ha sido **defensiva** para proteger las tierras musulmanas de las incursiones de los no musulmanes, como por ejemplo, las Cruzadas de los cristianos en Tierra Santa durante la Edad Media. Algunos eruditos musulmanes modernos aconsejan ahora resaltar este aspecto «defensivo» de la *yihad* sobre el «ofensivo»; de hecho, y en contraste con los *suníes*, ciertos grupos islámicos como los *imaníes* y *bohra-ismailíes shiíes* tienen prohibido participar en una *yihad* ofensiva: para ambos grupos la única persona capaz de conducir legítimamente una *yihad* ofensiva es su imán, pero éste se encuentra oculto actualmente (es decir, escondido e incomunicado hasta el final de los tiempos); sin embargo, a ambos grupos se les permite participar en una *yihad* defensiva. El ***muyaidín***, como guerrero santo que combate por la fe y no por venganza o crueldad, debe ir al combate como un mártir que va a entrar en el paraíso, aceptando si es preciso la muerte propia como una inmolación o entrega a Dios para cumplir con su soberana voluntad: esto se ha visto muchas veces en televisión cuando un suicida (*sahid*, mártir de la fe) hacía un vídeo explicando lo que iba a hacer por Allah y su justicia, despidiéndose de familia y amigos antes de entregar su vida en una acción suicida, ya sea en Líbano, Palestina, Nueva York, Iraq o Madrid.

En cuanto a la limpieza y cuidado del vestido y aspecto personal de los «mártires», es preciso recurrir a los *hadices*, un conjunto de tradiciones y relatos de Mahoma que sirven al musulmán fiel como ejemplo del «Profeta» para imitarle en su manera de vestir, comer, beber, cumplir con sus obligaciones religiosas y tratar tanto a los hermanos creyentes como a los infieles; en este sentido, la recopilación más apreciada de tradiciones que se consideran palabras auténticas de Mahoma es el *sahih* de al-Bukhari, en el que están escritas muchas de sus palabras: *Según Aicha: «Al Profeta (bendito y honrado sea) le gustaba dar prevalencia a la derecha como forma de pureza ritual; para bajar de la montura y para subir a ella»* (8, 47). Y en relación con esto, el propio Mahoma recomendaba al fiel musulmán: *Cuando visite las letrinas, que no se toque el pene con la mano derecha y que tampoco se limpie con esa mano* (4, 18). Y hablando de la limpieza y del cuidado corporal, decía: *La fit'ra (exige) cinco (cosas): la circuncisión, la depilación del pubis, la depilación de las axilas, el corte de los bigotes y recortarse tanto los bigotes como las uñas* (79, 51). Esa pureza o limpieza no debía ser sólo corporal, sino también mental; Mahoma exigía pureza de intenciones, y que lo que se haga, se haga por el Islam y para el servicio de Allah, no por venganza ni enemistad personal: ordena ejecutar al enemigo por detrás, con el cuchillo bien afilado y tapándole los ojos para que no sufra, pues se le ejecuta por Allah, no por odio o venganza. Estas bestiales ejecuciones, como las que en el año 627 ordenó Mahoma en Arabia con la tribu judía de los *Banu Qurayza*, se han visto recientemente en las pantallas de televisión de todo el mundo realizadas ahora en Iraq, ¡en nombre de Dios!, por los *muyaidines* islámicos. Inexplicablemente, en España algunos les denominan ahora «islamistas» para mostrarles como extremistas y diferentes a los demás musulmanes: ignoran o han olvidado lo ocurrido en Annual en 1921.

El Estado islámico andalusí

Tras la llegada de Balch y sus *chundíes* sirios, el walí o emir *kelbí* Abú l-Jattar instauró en *al-Ándalus* un gobierno proyemenita: contra él luchó el *qaysí* al-Sumayl, quien colocó en el emirato pro-qaysí a Yusuf al-Fihri, el último emir dependiente de Damasco. Con la toma del califato por los Abasíes y la llegada a *al-Ándalus* del último superviviente omeya, Abderramán I, se empezó a construir de verdad el Estado andalusí al margen del poder musulmán oficial del exterior. Manuel Sánchez explica que en la formación de *al-Ándalus* tuvo gran importancia la *asabyya* o solidaridad tribal árabe, que acabó con la igualdad primitiva de la *umma* y elevó el poder del *sheik* o jeque dirigente de la tribu; pero, cuanto más aumentaba el poder del jefe, el igualitarismo tribal se volvía contra él, y el jeque recurría a mercenarios extranjeros para mantenerse en el poder. Hasta el siglo IX, la realidad de *al-Ándalus* fue un **sistema tribal al modo árabe**, con luchas por el poder entre yemeníes y qaysíes. Abderramán se apoyó en los yemeníes y derrotó a los qaysíes; pero, una vez instalado en Córdoba, los yemeníes le combatieron y tuvo que enfrentarse a ellos con un ejército de beréberes y esclavos europeos: para pagar ese ejército tuvo que aumentar el impuesto *yizya* a los mozárabes andalusíes, quitar sus pensiones a los hijos y nietos de Vitiza y requisar el reino oriolano de Tudmir. Con él se mantuvo el modelo administrativo sirio-omeya, desechándose el nuevo modelo abasí de Bagdad, favoreció a la intransigente escuela jurídica *malikí* y se dedicó a la *yihad* contra el norte cristiano: en 794 los musulmanes saqueaban Oviedo. Asín Palacios afirmaba que *el Estado, sobre todo en sus primeros tiempos, apoyó con su autoridad moral y medidas represivas la política ortodoxa.*

Durante el emirato independiente, el descontento y la disidencia aparecieron en las zonas periféricas o fronterizas del mosaico étnico en las que era importante el papel creciente del elemento indígena hispano, tanto *muladíes* como *mozárabes*. Aceptados por la dinastía omeya, los elementos extratribales fueron fieles a la dinastía omeya en cuya administración y ejército encontraron cabida muladíes, mozárabes, beréberes, libertos eslavos *fata*: el *comes* (conde) mozárabe Rabí mandaba los 2.000 hombres de la guardia del emir, a los que los andalusíes llamaban los *al-Jurs* (los mudos) porque no sabían hablar árabe y no trataban con la población cordobesa. Los motines y sublevaciones se reprimieron con dureza: así las del muladí hispano Bahlul ibn Marzuq en el norte, el beréber Asbag ibn Wansus en Mérida y los mozárabes y muladíes de Toledo, a los que masacró en la llamada «jornada del foso» del año 797. Otra masacre idéntica haría al-Hakan I en Córdoba con el «motín del arrabal» del año 813; también en Córdoba se produjo en el 852 una sublevación mozárabe, en la que estos cristianos se entregaban voluntariamente al martirio. Los señoríos secesionistas o independentistas de la segunda mitad del siglo IX anticipan lo que ciento cincuenta años más tarde serán los «reinos de taifas», pero fueron sometidos con dureza: pero eso mismo es lo que demostraba a Guichard que en *al-Ándalus* existían dos sociedades yuxtapuestas (la árabo-beréber y la indígena —muladí o mozárabe—), pero sin una fusión mediante matrimonios mixtos, lo que implica que no hubo mestizaje étnico. Las concesiones de señorío (*tasyil*) a ciertos dirigentes autónomos muestran tanto la debilidad y deterioro del poder central como un proceso de feudalización similar al de Europa y la España cristiana. En la segunda mitad del siglo IX prosiguieron las sublevaciones.

Abderramán III (912-961) acabó con los focos rebeldes o secesionistas y con el poder de los «señores»; además reemprendió las aceifas o *razzias* contra el norte cristiano, y derrotó a leoneses y navarros en Valdejunquera (920). En el norte de África, el *Mahdí* famitima Ubayd Allah tomó en el año 910 el título de «Emir de los Creyentes», lo que rompía por vez primera la teórica unidad musulmana dirigida por el Califa de Bagdad; entonces Abderramán III se proclamó

Califa en 929 en oposición al califato «hereje» del Magreb, tomando como título honorífico el de *al-Nasir din Allah*, con lo que adquiría un poder moral y un prestigio que le permitieron mantener en el norte de África las rutas comerciales y de aprovisionamiento de oro; de ahí la intervención contínua del *Nasir* en el Magreb. A pesar de su derrota en Alhandega o Simancas (939), provocada por la retirada de los chundíes sirios y las tropas de Ibn Fortún (lo mismo que había ocurrido en Guadalete, pero al revés), se dedicó a arbitrar e intervenir en los reinos hispanocristianos, pero también a consolidar el aparato estatal y militar cordobés.

Entre las **instituciones** del califato estaba el *Palacio*, residencia del Califa y centro de la Administración, en cuyo entorno había muchos esclavos *fata* entre los que el califa escogía a los encargados (*sahib*) de dirigir las actividades palatinas; los hispanocristianos del norte copiaron esta organización, y a sus *sahib* los llamaron *comes* o conde. El *Consejo* agrupaba a los asesores y consejeros del califa para los distintos asuntos; se le da el nombre de *Diwan* porque siglos después los turcos utilizarían ese término (del turco *diwan*: libro o registro público, y también —por extensión— sala de consejo), para designar el grupo de consejeros —Gobierno— así como la sala misma donde se reunían. La *Cancillería* estaba formada por visires y nobles funcionarios palatinos (*hassa*), mediatizada por la burocracia, pero tenía buenos servicios, como el «correo persa» que transmitía órdenes y noticias a visires y provincias; durante el califato se transformó en una Secretaría de Estado, regida por un *hachib* y compuesta por cuatro visires especializados. El *Tesoro* o fisco se encargaba de cobrar el *zaqat* (la limosna voluntaria islámica para los pobres, la mezquitas, las escuelas coránicas, etc.), así como de recaudar los tributos territoriales (*jaray*) a los ciudadanos y los impuestos *jizia* a los cristianos mozárabes (a través de un exceptor mozárabe), y a distribuirlos o aplicarlos en los diferentes servicios, incluido el Ejército; estaba regido por un Tesorero o Intendente y compuesto por varios Administradores o Tenedores de Libros.

La *Jutta* o conjunto de **cargos y magistraturas de la administración** estaba compuesta, por encima de todo, por el *Califa* (primero el de Damasco, luego el de Córdoba), que era la cabeza y jefe supremo de la comunidad musulmana, y tenía no sólo poder político y civil, sino también poder religioso como «sucesor» de Mahoma; por ello tenía el título de «Príncipe de los Creyentes» (*amir al-Muminim*) y sus símbolos de soberanía no eran cetro y corona, sino la proclamación de su nombre en el sermón (*jutba*) del viernes en la mezquita y su inscripción en las monedas. A su vez, «Emir» (*amir*) es un término árabe de dignidad para designar a un personaje importante o a un jerarca político y militar musulmán; los primeros valíes de *al-Ándalus* fueron emires sometidos o vasallos del Califa omeya de Damasco. El *Hachib* («próximo») era el visir más cercano al emir o califa, y su primer ministro o gobernante; como lugarteniente del califa, estaba al frente del Palacio o Corte y de toda la Administración. Es sabido que en tiempo del califa Hixán II, su *hachib* Ibn Abú-Amir suplantó su autoridad llegándose a titular «rey» (*malik*) y adoptando el *laqab* de «*al-Mansur*» («el victorioso»: Almanzor). Aunque los *visires* (del turco *vezir*) no parece que existieran en *al-Ándalus* con ese nombre, no hay que olvidar que en el mundo islámico fueron importantes: eran altos funcionarios a modo de ministros del emir, sultán o califa, y desde el siglo XIV ese término designaba al Jefe supremo de la administración política turca.

Otras instituciones de menor entidad eran las referidas a las provincias (*qura*) y ciudades (*madina*). Así, los *valíes* (*wali*) eran los gobernadores de una provincia o ciudad; nombrados por el califa, estos funcionarios solían ser —al menos al principio— jeques árabes (jefes de tribu o clan). Eso demuestra que inicialmente los conquistadores mantuvieron sus costumbres primitivas y originales de Arabia, dando más importancia al vínculo de sangre (los guerreros combatían organizados en tribus y clanes) que al vínculo religioso: en *al-Ándalus*, además de los *quraysíes* de La Meca vinculados al clan Ummaya, tuvieron mayor presencia los árabes *qaysíes* (tribu árabe del norte, en Siria) y los *kalbíes* (tribu del sur, en Yemen), al principio, algunos gobernadores o valíes fueron godos vitizianos y otros eran judíos, pues desde el principio éstos fueron aliados fieles de los musulmanes por su rechazo a los godos. Otras instituciones territoriales eran la del *Sahib al-Madina* (alcalde o «zalmedina»), jefe y administrador de una ciudad, y el *qaíd* (o alcaide), vasallo del califa al que éste encargaba la custodia, defensa y administración de un castillo o fortaleza, y equivalían a lo que en la España cristiana se conocía como «castellán» o castellano. En las ciudades, el califa aplicaba la justicia y el Derecho a través del *qadí*, que era el juez encargado de administrar directamente justicia al pueblo; subordinados a él y para su función jurídico-social, contaba con el *adul* o notario, el *Sahib al-Mazalim* o señor de las injusticias (un fiscal), la *berid* o policía secreta, el *Sabih al-Shurta* o jefe de la Policía, el *Sabih al-Zuq* o jefe del mercado («almotacén» en Castilla), el *mushrif* o recaudador de impuestos (almojarife, alcabalero) y el servicio del correo. De igual modo, también en el Ejército y la Armada andalusíes hubo instituciones y reorganizaciones: de ellas se hablará más adelante.

La organización inicial de *al-Ándalus*

En el año 714, dueños del territorio y sin ninguna fuerza importante que se les opusiera, salvo Pelayo y los montañeses del norte, los invasores musulmanes arabizaron la Península y conforme a sus ancestrales costumbres asiáticas organizaron el gobierno y administración del nuevo territorio islámico, al que llamaron *al-Ándalus*. ¿Por qué lo llamaron así? ¿En qué se basaron para denominarle de ese modo? ¿De dónde procedía esa palabra? Hasta hace poco se había tomado como válida la teoría de Reinhardt Dozy (†1883), un estudioso holandés de temas medievales, quien afirmaba que ese término hacía referencia a los vándalos que trescientos años antes habían poblado el sur de Hispania, de donde tuvieron que huir ante la presión de los visigodos enviados por Roma; sin ningún fundamento escrito ni arqueológico, suponía este autor que la Bética se podría haber denominado antes «*Vandalucía*».

Sin embargo, otros autores siguen la opinión del filólogo español Joaquín Vallvé Bermejo, expuesta en un libro de 1986, quien sostenía que la expresión árabe *Yazirat al-Ándalus* (isla de *al-Ándalus*) es la traducción de «isla del Atlántico» o «*Atlántida*». De este modo se podrían entender mejor los textos árabes que dan las primeras noticias de la *isla de al-Ándalus* y del *mar de al-Ándalus* si estas expresiones son sustituidas por *isla de los Atlantes* (Atlántida) y por *mar Atlántico*: lo mismo podría decirse del tema de las Amazonas, cuya isla, según los comentaristas musulmanes de estas leyendas grecolatinas, estaba situada en el *jauf al-Ándalus*, lo cual cabe interpretar como «al norte» o «en el interior del mar Atlántico». Al parecer, el término tenía un origen oriental y Vallvé pensaba que se refería a un lejano, para los árabes, «*País de los Atlantes*»; sin embargo, otros autores reservaron durante la Edad Media ese título para las Islas Canarias. A pesar de todo, ésa era también la opinión de Elía Shamsuddin, quien recuerda que el término «*al-Ándalus*» apareció por primera vez cinco años después de la conquista islámica en una moneda bilingüe (un *dinar* que se conserva en el Museo Arqueológico de Madrid) con la inscripción latina «*Span(ia)*» y la árabe «*al-Ándalus*». Esto explicaría el hecho de que los cronistas y geógrafos árabes posteriores refirieron el nombre a un pueblo de primitivos habitantes «antediluvianos», mientras que los cronistas y geógrafos cristianos del resto de Europa relacionaban de algún modo el nuevo nombre con los vándalos, pensando con cierta lógica que el árabe *al-Ándalus* se derivaba del germánico «*vandal*». Este origen, de suyo imposible, no fue aceptado como válido por razones históricas, ya que los vándalos sólo vivieron un tiempo muy pequeño en Andalucía (tan sólo del año 411 al 429) antes de huir hacia el norte de África.

Sin embargo, tres años después el alemán Heinz Halm demostró en 1989 que el término «*al-Ándalus*» era lo que lógicamente debía ser: la arabización del nombre visigodo de la antigua provincia romana Bética. Los invasores islámicos se repartieron las tierras y fincas que quedaron sin dueños por ser arrebatadas a la Iglesia y a los nobles visigodos vencidos, o por abandono de sus propietarios al huir al norte; y, al igual que habían hecho sus antecesores germánico-visigodos que dominaron esas tierras desde el año 468 hasta el 711, los nuevos mandatarios árabes las repartieron mediante sorteos. Siglos atrás, los premios que le habían tocado a los visigodos en el reparto de tierras se llamaban «*Sortes Gothicae*», por lo que en las fuentes escritas aparecía «*Gothica sors*» (en latín, en singular) para designar a todo el reino hispanogodo de Hispania. Por lo tanto, resulta muy verosímil y lógico suponer que la correspondiente designación goda, *Landa-hlauts* (tierra de sorteo) se transformara rápida y espontáneamente en *al-Ándalus*, con lo cual quedaría igualmente aclarado el notorio artículo árabe *al-*.

Esta otra opinión es aceptada por Marianne Barrucand y por Achim Bednorz en su obra de 1992, y parece la más lógica y coherente con la Lingüística, con la Historia y con los hechos. Las dos primeras opiniones buscaban etimologías al término árabe, sin explicar convincentemente la razón histórica que lo fundamentaba; pero en diccionarios etimológicos de castellano y de catalán se puede observar que la segunda parte del nombre *Landa-hlauts* es una palabra germánica, más en concreto franca: *lôt* [en gótico *hlauts* (lote, herencia), en antiguo alto-alemán *hlôz*, en alemán moderno *los*], pasó al francés como *lot*, al catalán como *lot*, y al castellano como *lote*; de ahí *lotería*. Por ello se podría concluir que el árabe *al-Ándalus* equivale al germánico *Landa-hlôz*: «*tierra de lotes o de suertes*» (repartimientos), que para los oídos árabes sonaría como **Landalós**, es decir, *al-Landalús*. Además, adviértase que, aunque el árabe clásico pronuncia *al-Ándalus* como palabra esdrújula, ciertos lingüistas sospechan que su acentuación pudo ser aguda, lo que explicaría el término castellano *andaluz* (con pronunciación prosódica aguda, en la última sílaba). Sobre este tema, Brisset afirma que Ibn-el-Athir (1233), en su crónica sobre la invasión de España, escribió que «*los primeros habitantes se llamaban **anda-louch**, que se arabizó en **andalús**»*.

El caso es que la presencia militar en Hispania de un ejército islámico victorioso, dirigido por una aristocracia militar árabe y con auxiliares beréberes, implicó inmediatamente la requisa de tierras de la nobleza hispanogoda «rodriguista» que se había opuesto al ejército de islámicos y vitizianos. Esas tierras, los pagos recibidos en las capitulaciones de las ciudades y el botín de guerra tomado a los vencidos se repartieron entre los vencedores y los demás miembros de la *umma*, incluidos los *muladíes* hispanovisigodos (lo cristianos renegados que se pasaron entonces al Islam). Sin embargo, ya sabemos que aquel esperado reparto se hizo legalmente y conforme al *diwan* (lista, registro) del califa Omar, lo que supuso poca fortuna o ganancia para los *muladíes* y provocó su inicial decepción y descontento. Por otro lado, y conforme a los tratados *adh* establecidos, el nuevo territorio musulmán, al que los árabes llamaron *al-Ándalus*, vio aparecer inmediatamente en su suelo algunos reinos o territorios exentos, pero aliados suyos, regidos por los hijos de Vitiza y por algunos nobles godos importantes (como Todmir).

La estructura administrativa inicial, tanto política como civil, de *al-Ándalus* era muy primitiva y básicamente la misma que la de Arabia en los tiempos de Mahoma; seguiría igual durante los más de trescientos años de esplendor del Califato de Córdoba. Esencialmente se basaba en los vínculos de sangre entre los fieles musulmanes, o en relaciones personales de «clientelismo» con algún jeque o líder de tribu o de clan; pero esa organización árabe tradicional se fue perdiendo con los Abasíes en el mundo musulmán y con Abderramán III en *al-Ándalus*. Además de los cargos antes expuestos, toda administración cuenta con instituciones dedicadas a recabar dinero con el que mantener el poder y el ejército, y asegurar los distintos servicios sociales. Y siempre la más importante de todas era la institución fiscal, **los impuestos**. Teóricamente, el musulmán no paga impuestos: como creyente, entregaba el *zaqat* (la limosna voluntaria o contribución a la *Umma*, que es un «pilar del Islam»), pero los emires y califas aplicaban contribuciones territoriales (*jaray*) y tasas que, en la práctica, eran verdaderos impuestos que pagaban todos los habitantes, incluso los musulmanes. Además de eso, los *dimmíes* o «protegidos» judíos y cristianos estaban obligados al pago anual de la *yizia*, un verdadero impuesto personal, que era elevado y a veces excesivo.

Respecto al Derecho, ya se ha señalado antes que la *Sharia* (en castellano, «vía») o ley islámica inspirada en el Corán es la fuente del Derecho musulmán. Pero no hay que olvidar que, además de ella, en los países musulmanes también funcionan como fuentes del Derecho islámico el consenso o acuerdo (*iyma*) de la comunidad musulmana y la deducción por analogía (*qiyas*), si bien ésta no es admitida por algunas escuelas jurídicas. Para los musulmanes, la *sharia* o ley islámica es el conjunto de normas reveladas por Dios en el Corán, donde expresó clara y directamente su voluntad al «profeta» Mahoma, cuya conducta y actividades están reflejadas en la *Sunna*. Desde un punto de vista sistemático, la ciencia jurídica islámica se denomina *fiqh*, y los expertos en ella son los *alfaquíes*, encargados de sistematizarla y aplicarla; la interpretación de las leyes coránicas es el *iytihad*, y los expertos en la interpretación islámica de las leyes son los *muytahid*, que ostentan varios rangos según sea su importancia.

La ley islámica tocaba también muchos puntos de **Derecho civil**, de familia, penal y procesal que han tenido amplia permanencia histórica; véanse algunos aspectos: la poligamia —hasta cuatro mujeres por varón— y el repudio de la mujer por el marido eran legales, lo que no quiere decir que fueran prácticas extendidas. El castigo de los principales delitos alcanzó un tratamiento homogéneo: los más graves, como eran la apostasía o el bandidismo, se penaban con la muerte. En casos de delitos de sangre se permitía la venganza privada o familiar; para otros delitos menores se admitía una multa compensatoria, y a veces se aplicaban también penas ejemplares, como la amputación de la mano derecha al ladrón. En muchos casos el margen de actuación del *qadí* o juez era grande y amplio; en las faltas menores o administrativas, el qadí tenía un almotacén (*muhtasib*) que actuaba dependiendo de él.

Por su parte, los textos de ulemas y faquíes, las *fatwas* o sentencias, son una fuente de conocimiento de primer orden sobre los ideales y las realidades de las sociedades musulmanas. Entre los primeros se contaba en lugar destacadísimo la idea de comunidad islámica (*umma*), que igualaba la condición de todos los creyentes más allá de las diferencias, unas de origen tribal, otras entre árabes y conversos, y otras entre los diversos pueblos que aceptaron la nueva fe a medida que el Islam se extendía. Desde luego, la superioridad otorgada a todo lo árabe, y más si se relacionaba con la familia de Mahoma, fue incuestionable y favorecía las solidaridades y antagonismos tribales y la expansión de los nombres árabes a las masas de maulas o *mawali* que se incorporaban al sistema, a menudo en busca de una igualdad en la sociedad andalusí. Pero en los antagonismos no se cuestionaba la religión, el Islam, sino la primacía de lo árabe; por eso es de importante interés el estudio de las diversas fuentes jurídicas teóricas en el *al-Ándalus* musulmán. Una de estas es la llamada *Tabsrîra al-hukkâm fi usûl al-'aqdiyya wa-l-manâhîŷ al-ahkám* («Guía para los jueces sobre los fundamentos de la magistratura y la metodología a observar en las sentencias»), del siglo XII y obra del jurista andalusí lbn Farhún: contrariamente a otras obras del Derecho Islámico en *al-Ándalus*, ésta ha llegado hasta nuestro tiempo y hace muchos años fue publicada en árabe en El Cairo; sin embargo, todavía no existe traducción de esta obra al castellano.

Otra institución musulmana, poco conocida, es la de las **Órdenes militares** islámicas. Aunque los europeos conozcan muy bien las *Órdenes Militares* cristianas, desconocen estas Órdenes islámicas, a pesar de que son anteriores en el tiempo. En el mundo musulmán, estas Órdenes militares nacieron relacionadas con el *sufismo*, una corriente mística del Islam: inicialmente adscrita a los *sunníes*, nació en Kufa (Irak) en el siglo IX durante el período abasí y apareció en la egipcia Alejandría alrededor del año 821 para designar a los «puritanos insurrectos». Su nombre se deriva de la palabra árabe *suf*, que designa un vestido de lana tosca como los que llevaban los monjes nestorianos y que con el tiempo adoptaron esos ascetas y místicos musulmanes; su pensamiento se formuló teológicamente a comienzos del siglo X (en torno al año 980 en la mezquita de El Cairo) y a finales del mismo ya se había propagado por todo Irak, (en especial en Basora y Bagdad, la capital abasí) y el resto del mundo musulmán (Irán, el árabe Hedjaz y Egipto). Los sufíes recibieron una acogida hostil en el mundo musulmán hasta los siglos XI y XII, en que fueron aceptados gracias a los esfuerzos y escritos de *sunníes* como Algazel: el sufismo aglutina una serie de tradiciones musulmanas de índole mística, pero con contenidos esotéricos y secretos.

Los sufíes tenían una hermandad u orden de caballería propia: los *caballeros futuwa*. Según Hammer-Purgstall, esta caballería sufí tenía unos ideales caballerescos semejantes a los de las órdenes de caballería europea: lucha por el ideal (el Islam, en este caso), defensa de los débiles, generosidad y entrega, desinterés por los bienes materiales, abnegación u olvido de sí mismos, serenidad y dominio de las pasiones, e indulgencia con el vencido. Sus miembros vestían un manto de lana blanca, predicaban la hospitalidad, luchaban por la justicia (tanto contra los gobernantes tiranos como contra los bandidos y asaltantes de los caminos), y podían tener carácter hereditario; solían adornar sus armas con los distintivos o blasones de sus respectivas familias. Estos caballeros musulmanes estaban organizados jerárquicamente en nueve grados, con unas características similares a algunas hermandades masónicas: eso es lo que llevó a algunos autores, especialmente al controvertido René Guenon, a afirmar la existencia de una relación directa de masonería con templarios, y de éstos con los sufíes, en una línea continua de sucesión temporal; por el contrario, y como es bien sabido, la verdadera masonería (la *francmasonería*) tiene sólo una relación semántica y muy vaga con las hermandades o gremios medievales de constructores, y surgió durante el siglo XVII en la Inglaterra de Cromwell para organizar la lucha contra la Iglesia católica y contra las naciones católicas, concretamente Irlanda y España.

También en el Magreb se dio el **monacato musulmán**, y muchos islámicos se retiraron a sus agrestes montañas y desiertos (como los esenios), generalmente viviendo en un monasterio o *ribat*, en torno a un santón o maestro en la fe islámica. Esos monjes-soldados se llamaron *al-morabitum*, y en la España de la Reconquista recibieron el nombre vulgarizado de «almorávides»: eran muy similares a los fanáticos «talibanes» de nuestros días. Entre los españoles, el término «morabito» designa a los miembros de esa orden ascética musulmana surgida del sufismo en el norte de África, que residían en casas comunitarias (*ribats*) y eran venerados por los bereberes, siendo el germen del Imperio Almorávide que gobernó Marruecos, parte de Argelia y España en los siglos XI y XII. El término *morabita* designa, también, un sepulcro en el que está enterrado un santo ermitaño o morabito: durante la época almorávide esta expresión poseía un doble sentido, guerrero y místico, que se perdió de una forma paulatina en beneficio de su carácter religioso.

Aunque no consta que existieran en *al-Ándalus*, recuérdese que al margen de estas Órdenes islámicas de monjes-soldados, existió otra organización o secta que, en realidad, era una Orden diferente que no participaba de los mismos ideales religiosos: la secta de los *hashasim* o «asesinos», que estaba dirigida por un legendario personaje conocido como «el Viejo de la Montaña» y que fue combatida por los cruzados. Provenían de los *Ismailíes*, secta musulmana *shií* cuyos adeptos tuvieron su mayor influencia política en el mundo islámico desde el siglo X al XII y a los que también se conoce como *septimanos* porque aceptan una línea jerárquica de sólo siete imanes. Surgieron en el año 765 por las disputas a causa de la sucesión del sexto imán *shií* Jafar al Sadiq: los ismailíes reconocían como su sucesor a Ismael, hijo mayor de Jafar, que debía ser el séptimo imán; pero otros shiíes aclamaban como su heredero forzoso a otro hijo, Musa o Moisés, siendo los precursores de los *imaníes*. Los ismailíes siempre han sido considerados por otros musulmanes en los márgenes o incluso fuera del mundo islámico, y en su día fueron perseguidos con dureza por los *sunníes* y sometidos a un permanente estado de sospecha por los *imaníes*. Desde las Cruzadas, a los seguidores de una secta imailí se les conoció en Occidente como los «*hashasím*» porque, en su búsqueda del éxtasis y la iluminación religiosa, consumían una droga que recibía el nombre de «hashis» o *hachís*. Durante el siglo XII, los *hashasim* construyeron una fortaleza (*Alamut*) en las montañas del norte de Irán y Líbano y trataron de eliminar a las principales personalidades religiosas, militares y políticas *sunníes*.

La práctica religiosa: mezquitas, vinos y cerdos

El lugar por excelencia para el culto a Dios (*Allah*) es **la mezquita**. Este término proviene de *masyid* (santuario), palabra que en siríaco y nabateo se transformó en *masgueda* y designa «un lugar de prosternación», un sitio de culto. De ésta, siguiendo la antigua pronunciación que aún se conserva en Egipto, salió la palabra *masguid*, que en España se convirtió en «mezquita». Su extraordinaria importancia viene de que es el lugar sagrado en el que se reune la *umma* o comunidad musulmana para mostrarle a Allah su sumisión a su voluntad divina; por eso, las oraciones islámicas alaban a Dios, pero no le piden gracias o mercedes, ya que nadie puede dominar la voluntad de Allah, ni siquiera sugerirle nada. A la muerte de Mahoma, las mezquitas de todo el mundo tendieron de alguna manera a imitar su casa de Medina, construida por él y en cuyo patio reunía a sus fieles para la oración común. Cuando se construyó la actual mezquita de Medina englobó en su interior —al igual que siglos más tarde se haría en Asís con el primitivo cenobio de San Francisco— la casa edificada por Mahoma y, a la vez, la tumba del «Profeta» y de sus dos inmediatos sucesores.

Desde entonces, la **forma de las mezquitas** construidas por musulmanes, árabes o no, era casi la misma para todas: una entrada al recinto, generalmente flanqueada por una torre (*al-minar*, minarete), desde la que el *al-muaddin* (muecín o almuédano) llamaba a los fieles a la oración y que estaba rematada por un templete cuya puerta se abría siempre hacia el sur. A través de la puerta de entrada se ingresaba en un patio porticado (*sahn*), en cuyo centro había un estanque o fuente para que los fieles hicieran la limpieza ritual de sus manos, pies y cara. Desde el patio se entraba en la sala de oración (*liwan*, *haram*), cuyo techo era sostenido por columnas que dividían el reciento en naves impares (salvo delante del *mihrab*, donde el techo se realzaba con una cúpula), y cuyo suelo enlosado estaba cubierto de alfombras; al fondo del *liwan* estaba el muro exterior (*qibla*): en él había una hornacina (*mihrab*) para guardar el Corán, frente a la que se situaba el imán para dirigir la oración. Junto a ella se ponía un púlpito (*mimbar*): a imitación del que Mahoma usaba en su patio de Medina, tenía unos escalones ascendentes para que los fieles viesen al imán y escuchasen más fácilmente su predicación de la fe islámica, y un sitial (*maqaad*) en el que el imán se sentaba para predicar.

Al-Ándalus tuvo variantes propias: aunque el muro exterior (*qibla*) se construía orientado perpendicularmente hacia la Caaba, en La Meca, los andalusíes los hicieron mirando hacia el sur, no al este. Además, en la *qibla* se abrían las puertas de algunas habitaciones en las que se guardaban objetos de culto y de otra índole, y los minaretes solían tener arriba un remate (*yamur*) que era una barra de hierro que atravesaba tres esferas, de diámetro decreciente a medida que subían, y que estaba rematada por una flor de lis o por una media luna. En toda la arquitectura posterior abundarían dos importantes elementos que no eran árabes: la cúpula, tomada de los sirios y los romanos, y el arco de herradura, tomado de los visigodos. En los pueblos o lugares pobres que carecían de mezquita, la oración del viernes se realizaba en la explanada o *sa´ria* de las afueras, donde en su lado sur se construía un murete que hacía de *qibla* y en él se abría un *mihrab* elemental.

Teóricamente y de acuerdo con los **preceptos coránicos**, en la religión islámica el vino y cualquier licor alcohólico están prohibidos; en esto incidían tanto los imanes como los faquíes de la escuela *malikí*, a pesar de que el vino aparece en el *Corán* como uno de los regalos de Dios a la humanidad (16, 69) y de que, junto a la leche y la miel, es uno de los placeres del Paraíso (47, 16-17), como señalan A. Riera y M. Barceló en un interesante trabajo de 1996 sobre sistemas alimentarios del Mediterráneo. Sin embargo, sucesivas disposiciones fueron cambiando esta apreciación: primero destacaba Mahoma las desventajas que lo acompañaban (2, 216); recomendaba luego que los borrachos no fuesen a rezar a la mezquita (4, 46); y más adelante consideraba que el vino, los ídolos, el juego y la adivinación son manifestaciones satánicas, por lo que son prohibidas (5, 92). Por otro lado, en la *Musnad* se recogía gran cantidad de *hadizes* sobre alimentación, ayuno, castigo a bebedores de vino, crítica del canibalismo y el consejo de no tomar la comida elaborada por infieles; por el contrario, en la *Nubdat* hay escasas noticias sobre los tres alimentos prohibidos en la alimentación islámica: en ella se cuenta que, tras la conversión forzosa que conllevó la conquista de Granada en 1492, los andalusíes se vieron obligados a beber vino, a comer cerdo y carnes no sacrificadas.

Por lo que al **vino** se refiere, un elemento clásico de la dieta mediterránea, su prohibición (aún hoy, para pesar de los turistas) ha sido un elemento distintivo de la comida musulmana; en *al-Ándalus* fue un tabú religioso y social durante la época integrista de almorávides y almohades: pero esa constante lucha por evitar su consumo entre todos los grupos sociales indica claramente que estaba muy extendido y arraigado en aquella sociedad. En el ámbito mediterráneo, configurado por la cultura greco-latina, beber vino es tan antiguo como la misma civilización a la que representa, por lo que en esta zona su supresión no resultó nada fácil: por eso no era una lacra social, ni había relación directa entre un personaje borracho y su valoración negativa. Así, del heredero de Almanzor, Abu Amir Muhammad, se escribió: «*Pese a que estaba dominado por el vino* (nabid) *y se ahogaba en los placeres, temía a su Señor y lloraba sus faltas; amaba a los hombres santos, solicitaba sus invocaciones y daba generosa recompensa a quien le guiaba a ellos*». Sin embargo, el vino se consideraba nocivo o pecaminoso porque no se le identifica con la virtud, ni permite el control de las pasiones, la continencia, el respeto de la ley ni la rectitud, porque no eleva el espíritu, porque elimina el temor de Dios y favorece la frivolidad, la falta de castidad y la pereza; en una palabra, beber vino es pecado porque desobedece una prohibición religiosa, y no está permitido porque es la ruina de la persona y del gobernante. La visión del mundo que subyace en esa apreciación es típicamente islámica: nada ocurre de manera aislada, nada de lo que sucede es gratuito, sino que todo está en las manos de Dios, a cuya voluntad hay que someterse; como todo está ya escrito, lo que haya de ser, será.

Sin embargo, la realidad es que en *al-Ándalus* el consumo de vino era habitual, aunque no generalizado. Las condenas por beber vino afectaban a todas las clases sociales, si bien los castigos que sufrían los miembros de la élite gobernante parece que eran más drásticos porque ellos debían ser el espejo moral en el que se reflejase la sociedad andalusí: se conocen casos de destitución de herederos al trono e incluso de un califa, y la deposición de algunos cargos. Para las gentes del pueblo hubo diversas medidas y castigos; así, en los primeros años de la época almohade se derramaron todas las bebidas alcohólicas, se golpeó a los bebedores y se destruyeron las tiendas donde se vendía vino. El sultán magrebí Abu-l-Hasan permitió a los cristianos comprar sólo el vino que pudieran consumir, imponiendo penas a aquellos *rumíes* que lo facilitaran a los musulmanes; pero, a la vez, suprimió los impuestos obtenidos de los *murus* (tabernas o tugurios de vino), unos aranceles que gravaban la venta ilegal de vino a musulmanes: una vez más, esto manifiesta la doble moral imperante. Al-Hakam II decidió acabar de raíz con el problema arrancando las vides, pero sus propios consejeros le indicaron que era inútil, ya que se podía hacer bebidas embriagadoras con otras plantas; por eso el monarca ubaydí Mansur al-Hakim (996-1021) prohibió vender dátiles, uvas y pasas, y procedió a la destrucción de muchos viñedos, pero sólo fue un caso aislado.

Por otra parte, las medidas punitivas de los almohades contra el consumo de vino eran constantes, lo que manifiesta que la prohibición coránica no era respetada. Además, se buscaban todos los medios posibles para transgredirla: el arrope, que estaba permitido, fue utilizado debido a su color para encubrir vino, por lo que finalmente acabó prohibido. Parece, pues, claro que a lo largo de toda la época andalusí había un consumo generalizado del vino entre todas las clases sociales, pero tuvo un período represivo a partir de la etapa almohade, lo que quizás hizo disminuir su uso. Pero si lo estudiamos comparativamente, contrastando lo que se sabe de *al-Ándalus* con lo que ahora mismo ocurre en Siria, país musulmán aunque también mediterráneo y de antigua cultura grecolatina, comprobaremos que en las zonas rurales y más alejadas de los centros urbanos de poder, muchas familias siguen elaborando artesanalmente y para el gasto familiar un vino casero que se bebe joven; esto mismo sucede en algunas sectas musulmanas, como los *alawíes*. De idéntico modo, y sólo para hombres, hay allí muchos tugurios en los que el vino y otras bebidas alcohólicas son habituales; además, en los barrios predominantemente cristianos y en sus pequeños negocios, se pueden comprar sin dificultad vino, cerveza y cualquier tipo de licor. Si esto se proyectase a *al-Ándalus*, no sería difícil imaginar y entender la realidad de los hechos; y sobre todo, si sabemos que en sus ciudades había mozárabes y con frecuencia acudían hispano-cristianos del norte que estaban de paso en misión diplomática o comercial, o que había esclavos y cautivos con un aceptable nivel de vida personal. Lo que sí es bien conocido es que, en el siglo XIV, el vino y el *hashish* eran ingredientes imprescindibles de las fiestas. Respecto al vino de Málaga, diría el poeta granadino Ibn Sadra: «*En esta tierra puede ser lícito beber vino a pesar de estar prohibido. Y si el fuego del infierno será nuestro castigo, en un día frío como éste el infierno parece delicioso*». Sin embargo, para el también poeta Ibn Jamis el *hashish* era preferible al vino.

Por eso, nada tienen de extraño ni de increíbles las noticias documentadas en algunos libros de *hisba*, tales como los de al-Saqati, del primer cuarto del siglo XIII, o el de al-Yarsifi, de principios del siglo XIV, los cuales hablan de la venta de vino y de la imposibilidad por eliminarla. Los *Uryuza* de Ibn Azraq evidencian también la alta valoración que siente el autor por el vino; a ello hay que añadir la *Risala* de Saqundi, escrita en los años inmediatamente anteriores a la etapa nazarí, en la que con cierta exageración habla de las maravillas de la ciudad de Sevilla y entre ellas destaca la ribera del río, donde la gente se divierte de manera alegre escuchando música y tomando vino, «*cosa que no hay nadie que repruebe o critique mientras la borrachera no degenere en querellas*

y pendencias». En este mismo sentido apuntan otras aprecia-
ciones contenidas en los tratados médico-dietéticos de esos
siglos, como por ejemplo el *Tratado de Alimentos* de Ibn Zuhr
o el *Libro de Higiene* de Ibn al-Jatib. Sánchez-Albornoz escribía en 1962 que el vino, al menos entre la nobleza, era una
bebida habitual; y el hispanista Evariste Lévi-Provençal
decía en 1965 que, al menos en las épocas omeya y taifa,
todas las clases sociales consumían vino a pesar del rigo-
rismo de algunos alfaquíes, siendo un producto que se podía
encontrar en todas las tabernas, tanto clandestinas como
toleradas. A su vez, en el siglo XI los Batín permitían beber
vino; y los Tiuyuin, que seguían a Musà ibn al-Jafar, bebían
anziz, especie de arrope muy alcohólico, que consideraban
permitido mientras que no causara completa ebriedad.

Riera y Barceló recuerdan un texto clásico para exponer
claramente lo dicho en su artículo. Se trata de una supuesta
conversación mantenida en el siglo XII por Abu Hamid *el
Granadino* con el Rey de los húngaros, en la que una vez más
se comprueba que las razones que un hombre de cultura
media-alta podía aducir tenían poco peso: «*Cuando se enteró
de que yo había prohibido a los musulmanes beber vino y les había
permitido tener esclavas concubinas, además de las cuatro esposas
legítimas, dijo:* «Eso no es cosa razonable, porque el vino da
fuerza al cuerpo, y, en cambio, la abundancia de mujeres
debilita el cuerpo y la vista. La religión del Islam no está de
acuerdo con la razón». *Yo dije entonces al trujamán:* «Di al rey:
La ley religiosa de los musulmanes no es como la de los cristianos. El cristiano bebe vino en las comidas en vez de agua,
sin embriagarse, y eso aumenta sus fuerzas. En cambio, el
musulmán que bebe vino no busca sino embriagarse hasta el
máximo, pierde la razón, se vuelve loco, comete adulterio,
mata, dice y hace impiedades, no tiene nada bueno, entrega
sus armas y su caballo y dilapida cuanto tiene, sólo para buscar su placer. Como los musulmanes son aquí soldados, si les
mandases salir a combatir no tendrían caballo, ni armas, ni
dinero, porque todo lo habrían perdido con la bebida, y tú,

al saberlo, o les habrías matado, o golpeado, o expulsado, o les darías nuevos caballos y armas, que empeñarían igualmente. Por lo que respecta a las esclavas concubinas y a las mujeres legítimas, a los musulmanes les conviene la poligamia a causa del ardor de su temperamento. Además, puesto que forman el ejército, cuantos más hijos tengan, más soldados habrá». *Dijo entonces el rey:* «Escuchad a este jeque, que es hombre muy sensato: casaos cuantas veces quisiéreis y no le contradigáis». *De esta suerte, aquel rey, que amaba a los musulmanes, se desentendió de los sacerdotes cristianos y permitió que se tuviesen esclavas concubinas».*

Respecto a los **cerdos**, cuya carne en todas sus variantes (incluso embutidos, tocino y jamón) está prohibida en la comida de los musulmanes, existe alguna clara referencia en la que puede intuirse que también en *al-Ándalus* se criaban —y consumían— cerdos: reproduciendo una cita de Ibn al-Yazzar, el *Dikr* menciona que el rejalgar *«es muy beneficioso para los cerdos por su fertilidad si se pulveriza y esparce».*

CAPÍTULO III

La cultura musulmana andalusí

El idioma y la cultura árabe

Una de las mayores aportaciones de los árabes a la civilización mundial ha sido la propia **lengua árabe**, no sólo por ser vínculo común de millones de creyentes sino porque durante la Edad Media sirvió de vehículo a la ciencia y al progreso con saberes que no eran árabes. Del árabe existen dos variantes:

- Árabe clásico: representa la lengua sagrada del Islam y es «lengua franca» entre los hablantes cultos en todo el mundo árabe.
- Árabe vulgar o coloquial: es la lengua normal que se escuchaba tanto en las casas y mercados como en las mezquitas, y tenía varios dialectos.

A su vez, la **escritura** árabe procede de la aramea y se realiza de derecha a izquierda, por lo que los libros se leen de atrás hacia adelante. Está basada en dieciocho figuras distintas que varían según estén conectadas con la letra precedente o siguiente.

Con respecto al idioma árabe en *al-Ándalus*, es lógico pensar que —al menos al principio, cuando los árabes eran allí una pequeña minoría— la masa hispanovisigótica, y probablemente los beréberes o muchos de ellos, no hablarían en árabe. Sin embargo, a lo largo del siglo IX se produjo una fuerte arabización social e idiomática provocada, lógicamente, por la importancia religiosa que tenía la lengua en la que suponían que había sido revelado el libro sagrado de la nueva religión, el *Corán*; la verdadera causa social de esa arabización era que el poder lo detentaban los árabes, por lo que en *al-Ándalus* su lengua era sinónimo de refinamiento y erudición, a pesar de que casi toda la población hablaría en romance. Así pues, no sólo los musulmanes utilizaban la lengua árabe, sino que también los judíos y los propios mozárabes acabaron expresándose y escribiendo en este idioma; en este sentido, existe un elocuente pasaje del *Luminosus indiculus* del mozárabe Álvaro de Córdoba († 861), en el que éste se queja del auge del árabe durante el siglo IX: «*Muchos de mis hermanos* [cristianos] *leen poesías y cuentos árabes y estudian las obras de los alfaquíes y pensadores mahometanos, pero no para rebatirlas sino para aprender cómo expresarse en lengua árabe más correcta y elegantemente. ¡Ay! Todos los jóvenes cristianos que destacan por su talento sólo saben la lengua y la literatura de los árabes...*». Algunos de los más relevantes lingüistas de *al-Ándalus* fueron al-Qali, Ibn al-Qutiyah, y al-Zubaydi, todos pertenecientes al siglo X.

Por lo que se refiere a la cultura y los conocimientos, es innegable que la expansión del Islam hasta el extremo occidental (España y el Magreb) y hasta el extremo oriental (Persia, Uzbekistán, la India) les permitió **conocer diversas culturas** y conocimientos de todo tipo, así como recuperar libros y códices antiguos en los que estaba contenido el saber de la Antigüedad. Luego, otros árabes tradujeron a su lengua esos libros y conocimientos y esas obras se diseminaron por todo el mundo islámico, y también en el próspero y esplendoroso *al-Ándalus*: en él se dio un verdadero florecimiento cultural y científico que, gracias a la *madraza* cordobesa, se conoció y difundió por toda Europa. En Córdoba, la capital de los califas omeyas, existía una *madraza* o centro de estudios superiores —similar a una universidad actual—

desde la que se difundían los saberes de Asia y de Grecia por
todo *al-Ándalus*, por los reinos cristianos de España y por el
resto de Europa. Gary Brown ha descrito aquella situación
con una más que entusiasta valoración: «*Fue una de las más
brillantes y tolerantes: los musulmanes, los cristianos y los judíos
se entremezclaban, intercambiando no sólo bienes y servicios, sino
ideas...*». El grave error de Brown es confundir lo económico
con lo social, mezclando el ámbito de las compras en zocos
y tiendas —propias de la vida cotidiana de las gentes— con
los conocimientos de filósofos y sabios. Pero, en lo que se
refiere a tolerancia, se equivoca mucho más: era tanta la
opresión de los musulmanes sobre los cristianos mozárabes
que todo el que podía se escapaba al norte, y los que no
podían huir preferían morir mártires a seguir viviendo
explotados hasta la saciedad. Brown pertenece a ese grupo
de autores actuales, entre los que destacan muchos historiadores y escritores judíos de hoy, que aseveran que la sociedad andalusí fue un modelo de convivencia y tolerancia islámica, y se esfuerzan en remarcar y acentuar la «tolerancia»
musulmana para comparativamente resaltar la «intolerancia« cristiana de la Inquisición. Olvidan que «convivencia»
no es «coexistencia», ni tampoco «vivir al lado de» quien te
hace la vida imposible o supone un continuo infierno.

Por eso, olvidando los siglos de la Hispania romana y los
de la visigótica, esos autores han creado el **falso mito** de que
España nace en la Edad Media y es la consecuencia o producto de la «fecunda» unión de tres culturas: la musulmana, la judía y la cristiana. Y de la cultura saltan a la sangre, llegando a decir que necesariamente todo español tiene
judíos y árabes entre sus antepasados, lo que implicaría que
España sería un excelente ejemplo de ese «mestizaje cultural» supuestamente modélico que ellos pretenden implantar
aquí. Pero todo ello es falso: incluso Guichard niega la existencia generalizada de matrimonios mixtos en *al-Ándalus*,
puesto que cada colectivo social tendía a casarse entre ellos,
especialmente los judíos; por tanto, es evidente que no hubo

tanto mestizaje en la sangre. Y en la cultura tampoco, a pesar de que esos autores pongan como ejemplo de tolerancia, mestizaje y convivencia la llamada «*Escuela de Traductores de Toledo*» y de que repitan machaconamente que sabios y eruditos árabes, judíos y cristianos se habrían reunido en ella y aportado sus conocimientos; ellos dicen que, como fruto de esa convivencia y de las traducciones de libros en los que se contenían sus tres culturas, se formó un saber y unos conocimientos que fueron la base de la cultura actual de España.

Pero también es falso, porque no existió ninguna Escuela de Traductores de Toledo: lo que sí existió fue una iniciativa cultural y científica de los reyes y arzobispos castellanos, que deseaban para su reino los conocimientos y saberes que poseían los árabes andalusíes a través de las obras que habían recibido de todo el mundo, y cuyos conocimientos se enseñaban en la *madraza* o universidad de la Córdoba califal. Por eso, en el siglo XII y durante el reinado de Alfonso VII (1126-1157), Raimundo de Sauvetat, arzobispo de Toledo y Canciller de Castilla, organizó y patrocinó una serie de ediciones (los libros se copiaban a mano) y de traducciones de obras clásicas antiguas grecolatinas y otras modernas de los árabes. Para esta labor de mera traducción (sin apenas conocerse entre sí quienes las hacían), el arzobispo confió las traducciones del árabe a los mozárabes de Toledo, que entendían los libros en árabe, y a los clérigos de su catedral, que conocían el latín: así se traducía del árabe al romance y del romance al latín; por su parte, los judíos traducían del árabe al hebreo, y del hebreo al latín. Por lo tanto, no hubo una organización de traductores propiamente dicha, ni se trabajaba en un solo sitio, ni se hablaba o debatían los temas y obras traducidos. Pero, aunque no existió la supuesta Escuela de Traductores, lo cierto es que fueron tantas las obras traducidas en Toledo, y fueron tantas las personas que se ocuparon de este trabajo, que debieron contar con una eficaz dirección racionalizada u organizadora del trabajo y con una importante ayuda económica que lo hiciera posible.

Como ha señalado González Palencia, «*en Toledo, durante el siglo* XII, *se hizo la transfusión de la ciencia recibida en lengua árabe por los españoles al resto de Europa, por medio de traducciones en las que siempre figuraba un español*». Esas versiones al latín propagaron por toda España y por toda la Cristiandad europea la ciencia oriental y la clásica. Un siglo después, en el reinado de Alfonso X *el Sabio* (1252-1284), todas las obras se traducían ya a la lengua romance castellana.

Son bien conocidas las materias que allí se tradujeron, y se saben cuáles eran las que suscitaban el interés de los españoles y europeos de aquella época; Juan Vernet ha confeccionado una escala de materias con arreglo a las traducciones realizadas sobre cada una de ellas: el 47 por ciento eran de Cálculo y Cosmología [Matemáticas, Astronomía y Astrología]; el 21 por ciento, de Filosofía; el 20 por ciento, de Medicina; un 8 por ciento sobre Religión, Física, Ciencias naturales, etc., y sólo un 4 por ciento trataban de ciencias ocultas y Alquimia. Por otro lado, es cierto que ese saber no sólo se difundió en Europa por esos libros traducidos en el siglo XII, sino ya desde el siglo X a través de las obras y códices que se hacían en Córdoba y, sobre todo, por las enseñanzas que se impartían en su *madraza*. Así, por ejemplo, los árabes habían traído de la India las Matemáticas y los números mal llamados «árabes» (son indios): en una Europa que aún utilizaba los números romanos y que apenas conocía la matemática, la llegada del «0», una cifra desconocida en la numeración romana, iniciaba el camino de la matemática moderna. Entre los que estudiaron en Córdoba hay que señalar, por poner un ejemplo, al famoso monje Gerberto de Aurillac, luego preceptor del emperador alemán Otón III y papa con el nombre de Silvestre II. De igual modo, los europeos estaban utilizando el platonismo en Filosofía, pero a través de los árabes se difundió el pensamiento de Aristóteles: tras ser adoptado por San Alberto Magno y Santo Tomás de Aquino, constituyó la base de la Escolástica medieval, la Filosofía oficial —como *ancilla Theologiae*— de la Iglesia católica durante casi seiscientos años (siglos XIII-XIX).

Pero hay que hacer hincapié en un hecho: **los árabes no tenían grandes conocimientos ni una cultura superior**: sólo tomaron los conocimientos y saberes de los demás pueblos conquistados por ellos, de forma que su papel (muy importante, por cierto) en la historia de la cultura y de las ideas fue el de meros transmisores, no el de creadores de ciencia. Por otro lado, muchas de las obras y códices que durante siglos se fueron difundiendo desde *al-Ándalus*, estaban también en Bizancio: al caer en 1453 ante los turcos, los fugitivos se los llevaron de allí y los vendieron a las bibliotecas, palacios, monasterios y mercados de toda Europa. Por otro lado, los autores que defienden el mestizaje cultural y el supuesto triculturalismo español citan como ejemplo de mestizaje y aportaciones en aquel presuntamente idílico tiempo de «convivencia» entre moros, judíos y cristianos a Maimónides, aquel judío andalusí cuyo saber iluminó —dicen— a la cultura musulmana y a la cristiana de España... e incluso a la de toda Europa. Afirman que Maimónides contribuyó de forma extraordinaria a ese mestizaje cultural y es el mejor exponente de la convivencia entre las tres culturas y sus gentes.

Pero nada de esto es verdad: Maimónides es el mejor exponente de la intolerancia y del desprecio a lo diferente. Moshe ben Maimón (en hebreo) o Abú-Amram Musa ben Maimún ibn Abd Alá (según los árabes), pero conocido por *Maimónides*, fue un escritor judío andalusí que nació en la Córdoba musulmana en 1135 y murió en El Cairo en 1204. Rabino judío por religión y filósofo andalusí por nacimiento, pertenecía al Estado islámico enemigo de nuestros antepasados hispanocristianos; tras la llegada de los almorávides (1090), más fanáticos aún que los andalusíes, fue deportado a Marruecos y residió en Fez; pero, perseguido allí también por aquellos fanáticos defensores de la pureza de la fe islámica, huyó al Egipto de los fatimitas (siglos XI y XII) y se instaló en El Cairo, donde ejerció como médico del sultán Saladino: también allí fue jefe de los judíos del país, y cuando murió no pidió ser enterrado ni en Egipto ni en Córdoba,

sino en Jerusalén, pues él era y se sentía judío, no egipcio ni
andalusí; y, mucho menos, español. Su obra y actividades no
sirvieron para nada a los hispanocristianos: a los del norte,
porque no le conocieron ni él hizo nada para ellos, y tampoco sirvió o ayudó a los mozárabes del sur, pues sus obras
escritas y predicaciones eran sólo para los judíos y por eso se
le considera el rabino más célebre de la Edad Media. Es
cierto que tenía grandes conocimientos de las culturas judía
y árabe, y de filosofía griega; también conocía en profundidad la medicina, matemáticas, astronomía, etc. de la época.
Pero entre sus obras no hay ninguna que aporte nada a estas
ciencias, pues las más conocidas son la *Mishné Torah* («Repetición de la Ley»), un compendio de materias religiosas y
jurídicas de la ley judía escrita en hebreo; *Siraj* («Dilucida-
ción»), un comentario a la *Mishnah* judía escrito en árabe; y
Dalálat al Háirin («Guía de perplejos»), una explicación filo-
sófica del judaísmo también escrita en árabe. Ésta última fue
su obra más importante: con el fin de demostrar la superioridad del judaísmo sobre el cristianismo y sobre el islamismo, hizo una conciliación de la Biblia con las verdades
racionales; apologético más que proselitista, Maimónides
reflejó en ella sus doctrinas filosóficas judaicas.

Su filosofía no es la de un genio ni es original, pero tuvo
gran importancia para los judíos: siguiendo a Aristóteles, les
enseñó la filosofía griega y les inició en la ciencia y la filosofía de autores griegos y árabes; éstos la tomaron de aquéllos.
Ésa fue su influencia y la de la «universidad» de Córdoba en
la cultura de la Europa cristiana: en sus obras, pero sobre
todo en las de Averroes, volvieron a encontrar los cristianos
la filosofía griega aristotélica, que pasaría a la Escolástica a
través de los escritos y trabajos de San Alberto Magno y
Santo Tomás de Aquino. La figura de Maimónides ha sido
elogiada como la de «un pensador ecuménico y de inagotable riqueza»; pero, ¿realmente era ecuménico y tricultural, o
era un rabino muy judío y un fiel servidor sólo de su religión, a pesar de que vivía en un mundo cultural musulmán

y jamás tuvo contacto alguno con cristianos? Sobre esto se han intercambiado ideas y debates entre los especialistas; Q. Banderas escribió que «*Maimónides*... [estaba] *abrasado de un odio implacable contra cristianos, moros y otros gentiles*», y recordó un pasaje (Libro III, cap. 51) de su *Guía de perplejos* relativo a la gente de raza negra, en el que respecto a su categoría humana y nivel cultural decía Maimónides con evidente desprecio racista: *Entre las cosas existentes,* [el negro] *está por debajo del* [nivel] *del hombre y por encima del de un mono.* Realmente, la importancia de Maimónides para los judíos fue grande, pues como defensor del judaísmo fue un autor prestigioso e inteligente que supo acomodar la Toráh judía a la filosofía griega sin traicionar la esencia religiosa judía. Por el contrario, su influjo en la cultura española y occidental posterior es escaso, pues su papel fue sólo el de transmisor y ni siquiera en esto fue único, pues Averroes fue más eficaz en extender y propagar la filosofía aristotélica; por lo tanto, su figura, su obra y su trascendencia en el mundo cultural español han sido sobrevaloradas por los autores judíos. En tercer lugar, la importancia de Maimónides para los andalusíes fue escasa, pues tuvo que abandonar la Península como enemigo del Islam (y del Estado islámico) ante la intransigente intolerancia de los almorávides en *al-Ándalus*; para los españoles de los reinos cristianos la influencia de Maimónides fue nula: en el siglo XII no le conocieron, y en el siglo XIII tradujeron en Toledo sólo la parte de su obra que se refería a la filosofía aristotélica... al igual que se hizo con Averroes y otros autores.

Por último, es necesario precisar que **en España jamás existieron tres culturas**: hay que decir que hubo dos, o que hubo diez; pero tres jamás. Si hablamos de cultura como «una forma generalizada de pensar y vivir que es común para todos los miembros de una sociedad», hay que decir que en España hubo dos culturas: en los reinos cristianos había sólo una (la hispano-cristiana) y en los reinos musulmanes sólo una (la arábigo-islámica).

Ciencia, pensamiento y técnicas andalusíes

Desde el principio, **la educación y el saber** tuvieron en el mundo islámico una importancia enorme, como lo demuestran las tradiciones recogidas por Mahoma, seguidas después hasta sus últimas consecuencias. Frases como *«Busca el saber desde la cuna hasta la tumba»* o *«No hay nada más importante a los ojos de Dios que un hombre que aprendió una ciencia y la enseñó a las gentes»* son algunas de las máximas más influyentes en la época andalusí. Los mismos emires y califas Abderrahman II, Abderrahman III y al-Hakam II fueron grandes eruditos que se rodearon de sabios y pusieron la enseñanza al alcance del pueblo: hicieron traducir las principales obras del saber greco-helenístico, crearon bibliotecas públicas y privadas —algunas tan célebres como la de al-Hakam II—, y edificaron mezquitas y *madrazas* en las que se impartían las ciencias religiosas coránicas y la jurisprudencia o *fiqh*. Algunos fueron excelentes poetas, como el propio rey al-Mutamid de Sevilla, y su amigo y visir Ibn Ammar.

Se dedicaron numerosas obras al estudio del saber y la enseñanza, y a la clasificación de las ciencias, como *al-Iqd al-Farid* (El collar único), obra que escribió Abd Rabihi en el siglo X y en la que acerca de las distintas ciencias decía: «(Son) *los pilares en los que descansa el eje de la religión y del mundo. Diferencian al hombre de los animales, y al ser racional del irracional»*. También Ibn Hazm (994-1064), el famoso autor de «El collar de la paloma», dedicó numerosas páginas a clasificar las ciencias en libros como el *Maratib al-ulum*, o *Kitab al-ajlak*; este autor, que destacó como poeta, teólogo, jurista, historiador y filósofo, fue uno de los más prolíficos que dio el Islam: escribió 400 obras, y lo hizo con un estilo tan crítico y mordaz contra el poder que se llegó a decir que «*su lengua era tan afilada como la espada de al-Hach»*. Acerca del saber dijo: «*Quien busca el saber para jactarse de él, o para ser alabado, o para adquirir riqueza y fama, está lejos del éxito, pues su objetivo es alcanzar algo que no es el saber»*.

A pesar de todo, el historiador debe precisar y no dar frívolas pinceladas diciendo vaguedades e ideas falsas. Respecto a ciencia en *al-Ándalus* hay que enfatizar que, a la llegada de los árabes a la Hispania, la cultura y la **ciencia de los hispanovisigodos era muy superior** a la de los invasores árabes; pero el nuevo dominio y la nueva administración conllevaron que los hispanovisigodos fuesen aprendiendo el idioma árabe, y los códices visigodos se apostillaban con frases árabes escritas en sus márgenes. Sólo un siglo después el árabe era la lengua de todos los andalusíes, y sólo entonces comenzaron a aparecer los primeros sabios musulmanes capaces de escribir en árabe tratados y manuales de Astronomía y Medicina que superaban a los anteriores hispanovisigodos: por eso fue en ese momento (la época de Abderramán II, 822-852) cuando el cadí toledano Ibn Said (1029-1070) situaba el inicio de la historia de las ciencias que recogió en su *Tabaqat al-umam* («Libro de la categoría de las naciones»); también en el siglo IX comenzaba la historia de la Medicina que el médico cordobés Ibn Yulyul escribió en el siglo X con el título *Libro de las generaciones de médicos*.

Precisamente en la época de Abderramán II había tal clima científico e intelectual que Abbás ben Firnás (887) introdujo las teorías astronómicas indias del *Shindhanta* (traducido al árabe como *as-Sindhind al-Kebir*), construyó un rudimentario planetario y un reloj, creó un sistema para la talla del cristal de roca e intentó volar planeando. También entonces llegaron a *al-Ándalus* las obras del matemático uzbeko Al-Jwarizmi (c. 780-835), que fue bibliotecario en la corte del califa al-Mamun y astrónomo en su observatorio de Bagdad; sus trabajos de álgebra, aritmética y tablas astronómicas adelantaron mucho las Matemáticas y fue el primero en utilizar la expresión *al-yabr* (de ahí viene «álgebra») con objetivos matemáticos: la versión latina de sus obras (por el traductor italiano Gerardo de Cremona) del tratado de al-Jwarizmi sobre álgebra fue responsable de gran parte del conocimiento matemático en la Europa medieval. Lo trascendental de este autor asiático es que su trabajo con los algoritmos (término éste, como el de «guarismo», derivado de su nombre) introdujo el método de cálculo con la utilización de la numeración arábiga y la notación decimal.

La mal llamada **numeración «arábiga»**, pues la crearon los indios hacia el siglo III a.C., pasó al mundo árabe alrededor del siglo VII u VIII d.C. (tras la conquista del oeste de la India por el Islam), mientras que en la Europa cristiana la primera referencia escrita sobre ella data del año 976: en la numeración arábiga (india), los guarismos 1, 4 y 6 se escribían de forma casi igual a la de hoy. La innovación más importante del sistema arábigo de numeración fue el uso de la notación posicional: los símbolos individuales cambiaban su valor según su posición en el número escrito. Pero sólo es posible utilizar la notación posicional si existe un símbolo para el cero: el guarismo 0 permite distinguir entre los guarismos 11, 101 y 1001 sin tener que utilizar otros símbolos adicionales y hacer fácilmente operaciones matemáticas simples.

Acerca del pensamiento, en general, es necesario recordar los conocimientos andalusíes de la **Filosofía** grecolatina: en los primeros tiempos del Islam en Oriente, los árabes cultivaron la Filosofía y la Lógica en un cierto clima de tolerancia. Al llegar a Occidente, ya aparecieron en *al-Ándalus* las primeras traducciones de los filósofos griegos al árabe, en especial las de Aristóteles, lo que muestra un evidente avance y dominio del conocimiento experimental sobre el meramente teórico y especulativo: los europeos del tiempo aún seguían el neoplatonismo. Así se inició un evidente interés por esta materia que, sin embargo, no era bien vista por las rígidas autoridades religiosas: con frecuencia su conocida intolerancia prohibió su estudio y mandó quemar las obras de Ibn Hazm, del oriental al-Gazali y de Averroes. Pero, frente a imanes y faquíes, los filósofos sostenían que el intelecto y la razón no estaban en absoluto reñidos con la revelación, y que ambos constituían los instrumentos más adecuados para alcanzar la verdad: *«La filosofía es amiga y hermana de leche de la religión.*

No contradice a la revelación, sino que la confirma.» afirmaba Averroes. Siglos después la Escolástica medieval diría algo similar, pero marcando la diferencia entre ambas y la prioridad de la religión: «*Philosophia, ancilla Theologiae*» (la Filosofía, servidora de la Teología). El propulsor del estudio de la Filosofía fue Ibn Masarra, autor heterodoxo del siglo X que profesaba una suerte de panteísmo; en el XI llegaron el polifacético y prolífico Ibn Hazm y su contemporáneo judío Ibn Gabirol (Avicebrón), el cual expuso su neoplatónica filosofía en su *Mekor hayim* («Fuente de la vida»), un diálogo neoplatónico escrito en árabe como *Yambu al-hayat*, que llegó a los escolásticos medievales a través de su traducción latina *Fons Vitae*: fue defendido por Duns Scoto y atacado por Santo Tomás de Aquino. En el siglo XII escribieron Ibn Bayyah (Avempace) y su discípulo Ibn Tufayl, cuya obra *Hayy Ibn Yaqzan* alcanzó una honda repercusión entre los cristianos. Pero, sin duda, el que más influyó tanto en el mundo islámico como en toda Europa fue Ibn Rushd (Averroes, 1126-1198), de quien se han conservado varias importantes obras. Pero, frente a esta corriente racionalista, en *al-Ándalus* existieron varios **místicos** sufíes de gran talla, como Ibn al-Arif (1088-1141) o el murciano Ibn Arabí (1165-1240), quienes mantenían la tradición profética y tan sólo admitían el conocimiento racional en la medida en que cumpliera el viejo dicho árabe: «*Conócete a ti mismo, y conocerás a tu Señor*».

Respecto a las ciencias sociales, hay que recalcar que entre los musulmanes andalusíes la **Historia** no era una ciencia, sino un testimonio de su prepotencia y un medio de cercanía al poder, pues se escribía como una «crónica» de las gestas del correspondiente emir o califa. Por ello tenía un interés especial, apareciendo numerosas obras llenas de interesantes datos históricos, así como geográficos, sociológicos y biográficos. Hay constancia de que existieron numerosos historiadores, geógrafos y antologistas en *al-Ándalus*, aunque muchas de sus obras se han perdido. Relacionada con la Historia está la **Geografía**. Entre los geógrafos andalusíes, brillaron al-Udri (siglo XI) y su contemporáneo al-Bakri. Más tarde (en el XIV) aparecieron al-Idrisí, llamado «el Estrabón de los árabes» y el tangerino Ibn Batuta, el mayor viajero de su tiempo: ambos dejaron importantes obras y testimonios sobre *al-Ándalus* y sobre muchos otros lejanos lugares del mundo entonces conocido, y sus descripciones superaban los aspectos geográficos y a veces hacían un verdadero retrato costumbrista, tanto que parecen los primeros cultivadores de la Etnografía, de la Antropología cultural y de la Etnología.

También destacaron los andalusíes en el cultivo de las **Ciencias Naturales** (que en el mundo cristiano se conocía como «Historia Natural», por la obra de Plinio), especialmente en un tiempo en el que había más descripción y taxonomía que experimentación. Aquellos naturalistas supieron revolucionar muchos aspectos de la vida con su saber. Estudiaron las Matemáticas, la Astronomía, la Medicina, la Botánica y la Agronomía, pero también otras ciencias condenadas por la ortodoxia religiosa, como la Astrología, la Alquimia y la Magia.

Por otro lado, los Omeyas andalusíes inauguraron la costumbre de tener parques zoológicos y jardines botánicos anejos a Palacio: su establecimiento debió durar muchos años y su manutención tuvo que ser costosa, pues ya desde la época de Abderramán II disponía Córdoba de animales exóticos, como camellos, jirafas, avestruces, pájaros que hablaban, etc., que enviaban los príncipes vasallos de África. Pero mucho más importante fue lo relativo a la Botánica, especialmente a la agricultura productiva: Ibn al-Wafid (1007-1074) fue el autor más destacado, su *Agricultura* no sólo influyó durante el Renacimiento a través de Gabriel de Herrera, sino que también mostró la afición de los andalusíes por las cosas del campo; además, a través de ella se pueden establecer los conocimientos agronómicos del siglo XI. Ibn Wafíd plantó la «*Huerta del Rey*» en Toledo, que se extendía por la Vega entre los palacios de Galiana y el río, antes del Puente de Alcántara, y en la cual se dedicó a distintos experimentos de aclimatación y probablemente de fecundación artificial de plantas: aplicada en la antigua Mesopotamia para las palmeras, era conocida en la España musulmana no sólo por los agricultores, sino también por el gran público. La tradición árabe de los «jardines botánicos» no parece haber sido olvidada jamás en la Península: a instancias del médico Andrés Laguna, Felipe II mandó hacer uno, aunque parece que lo hizo más por influjo del Renacimiento (que lo estaba poniendo de moda en toda Europa) que por esta antigua tradición islámica. Tanto Ibn Wafid como sus sucesores conocían directa o indirectamente a los autores clásicos de obras agrícolas, como Demócrito, el pseudo-Aristóteles, Teofrasto, Anatolio, Filemón, Virgilio, Varrón y Columela; este último parece que fue traducido íntegramente y ejerció una fuerte influencia en los autores andalusíes.

Ibn Taimiya descolló también en **Medicina**, pero los máximos exponentes en el siglo X fueron Ibn Yulyul y Hasday ben Saprüt (médico éste del califa Abderramán III), así como Averroes (m. 1198) y los hermanos Harraní, que ejercieron bajo el manto protector de al-Hakam II. Los médicos andalusíes recomendaban en sus escritos una sana nutrición, continuando así la tradición de Galeno; por otro lado, conocían diferentes procesos relacionados con una inadecuada alimentación. Muestra de ello eran sus conocimientos sobre la obesidad, conocimientos que motivaron en el siglo X la visita a Córdoba del príncipe leonés Sancho I *el Craso* quien, en compañía de su abuela Toda Aznar, recurrió al tratamiento del afamado Hasdhay ben Saprut, el médico judío de Abderramán III, quien a su vez era sobrino de Toda: gracias a los cuidados de ben Saprut, una vez perdió peso se transformó en Sancho I *el Fuerte* y pudo destronar del Reino de León a su primo Ordoño IV *el Malo*. En los textos árabes, además, hay testimonios de que ya se conocían la enfermedades coronarias, de lo que es exponente y ejemplo la muerte del caudillo califal Abd-al-Malik al Muzafar (1002-1008), el hijo mayor de Almanzor y heredero de su padre, muerto de un infarto agudo de miocardio a su vuelta en 1008 de una triunfal *razzia* contra los cristianos, lo que cambió la historia del califato.

Madrazas y bibliotecas

En el mundo musulmán la transmisión de conocimientos empezaba en las **escuelas infantiles**, que en Europa se llaman «de enseñanza primaria», pero que en los países islámicos se denominan «escuelas coránicas» porque en ellas los niños aprenden el idioma árabe, la lectura y la escritura utilizando el *Corán* como libro de texto para los tres fines; los musulmanes oyen y viven el Islam desde la cuna y la casa hasta la calle y la escuela. La **enseñanza superior** tenía lugar en otros edificios específicos, que eran denominados *madrazas* o *medersas*; en ellas regía la *sharia*, y —a la vez— se hacía y se enseñaba verdadera ciencia. Pero en ellas había una pluralidad de ciencias y de estudiantes; por un lado, los musulmanes piadosos, tras dejar la escuela y ponerse a trabajar para ganarse la vida y ayudar a su familia —o alimentando a la que ellos formaban al llegar a la mayoría de edad—, algunos seguían estudiando el Corán para convertirse en maestros coránicos, imanes de mezquitas, faquíes o juristas de la *sharia* o ley islámica, o incluso en *ulemas* y doctores islámicos: ese tipo de estudiante es un *talib*, y al conjunto de ellos los denominamos hoy «talibanes». Lógicamente, los talibanes eran y son los musulmanes más ortodoxos y ejemplares, los que marcan el camino que deben seguir los demás; y, por ello, los más fudamentalistas e intolerantes.

Por otro lado, había otros estudiantes más inquietos por la ciencia y el progreso material que por las enseñanzas espirituales del Corán; éstos se dedicaban con pasión a las ciencias, como dos siglos después ocurriría en el Occidente cristiano de Europa. Así, las *madrazas* islámicas se distinguieron siempre por su alto nivel en **Medicina**: en ellas se podía estudiar la anatomía humana empíricamente, pues admitían la disección y necropsia (o autopsia) de los cadáveres de vagabundos, esclavos y ajusticiados; por ello, los conocimientos médicos de los musulmanes eran muy superiores a los de los europeos cristianos, pues éstos no podían realizar ninguno de esos experimentos debido a que todo hombre ha sido creado por Dios «*a su imagen y semejanza*», por lo que cualquier necropsia era un pecado grave prohibido por la religión y por la ley civil. Los conocimientos anatómicos de los musulmanes eran mejores y más avanzados que los de la Europa cristiana, lo que permitía a los médicos andalusíes, y a los islámicos en general, unas intervenciones u operaciones quirúrgicas que los cristianos no podían realizar con seguridad: hasta el siglo XVI, con Vesalio, no pudieron conocer los médicos europeos ciertos detalles del cuerpo humano y algunas funciones, pues su conocimiento era puramente teórico y más basado en planteamientos filosóficos que en la realidad experimental de la necropsia o disección. Como es sabido, Andrea Vesalio (1514-1564) escribió el elaborado tratado anatómico titulado *De humani corporis fabrica* («Sobre la estructura del cuerpo humano», 1543), basado en sus disecciones de cadáveres humanos; la obra desencadenó una gran controversia, pero no evitó que fuera nombrado médico de la corte de Carlos I y de su hijo Felipe II.

Las *medersas* o **madrazas**, destinadas a la enseñanza de las ciencias religiosas coránicas y de la jurisprudencia islámica (*fiqh*), eran algunos de los edificios más característicos del mundo islámico. Antaño se construían en torno a un patio al que se abrían cuatro grandes salas o *iwanes*, y al que daban las habitaciones de los estudiantes edificadas en el piso superior. Una de las *madrazas* más conocida era *al-Azhar*, fundada en la ciudad egipcia de El Cairo en el año 970 (lo que la hace ser la institución académica religiosa más antigua del mundo), a la que equivocadamente algunos autores llamaron «Universidad de El Cairo» por su similitud con los establecimientos europeos similares: la *Universidad de*

El Cairo fue fundada a principios del siglo XX, siendo la primera edificada en el mundo islámico.

Aunque en las *madrazas* se enseñaba especialmente la teología coránica, junto con las demás ciencias, al lado de la Medicina se destacaron las ciencias de la Naturaleza. Así, paralela a las enseñanzas eminentemente prácticas de la agricultura existía otra corriente teórica y erudita en **Botánica**: en *al-Ándalus*, esta ciencia naturalista pretendió dar las sinonimias, en las distintas lenguas peninsulares, de las plantas conocidas.

También fueron importantes en *al-Ándalus* las **bibliotecas**, que no sólo eran depósitos de libros, sino también lugar de reunión de científicos, faquíes y otros eruditos; en sus salas anejas solía haber encuentros, discusiones o debates sobre temas científicos o cuestiones de actualidad entre los escasos concurrentes que allí iban habitualmente; recuérdese que ciertos personajes importantes y funcionarios públicos solían ir a los baños (*hammán*) por la mañana, y algunas tardes se reunían en tertulias en las bibliotecas y salones de alguno de ellos para charlar, oír el recitado de poesías y canciones, y debatir asuntos. Entre todas las bibliotecas andalusíes, la más conocida e importante era la Biblioteca de Palacio en la época del califato de Córdoba (929-1051): poseía cerca de 400.000 volúmenes, de los que la mayor parte estaban escritos en pergamino, no en papel, a pesar de que fueron los árabes quienes trajeron el papel a Europa.

Conviene hacer hincapié en que, desde la *madraza* de Córdoba y a través de las bibliotecas andalusíes, se difundió por la España cristiana y por toda Europa un saber y unos conocimientos provenientes del Oriente, especialmente de Asia, de una gran trascendencia para la evolución de la ciencia en Europa, lo que posibilitaría desde el descubrimiento de América, el establecimiento de colonias europeas y el inicio del imperialismo hasta el desarrollo de las ciencias y técnicas que originaron un hecho que cambió al mundo, y no sólo en la producción de bienes económicos, sino en las estructuras mismas de la sociedad. Por eso, F. Engels (el amigo y compañero de

Carlos Marx) describió y denominó con todo acierto ese hecho con el término «revolución industrial». De la **importancia e interés de las bibliotecas andalusíes** son exponentes dos importantes hallazgos o acontecimientos. El primero, ocurrido en 1947, consistió en que en las obras de ampliación de una antigua mezquita en El Cairo, se derribó un muro y aparecieron muchos rollos y documentos antiguos de lo que parecía ser una pequeña biblioteca de origen andalusí; aquello no parecía tener mucha importancia, pero en 1948, el investigador judío S. M. Stern daba cuenta en la revista *al-Ándalus* de que, estudiando aquellos antiguos manuscritos, había descubierto unas veinte *muwassahas* escritas en hebreo, las cuales tenían unos versos finales escritos en un castellano muy arcaico que los investigadores y lingüistas identificaban con el dialecto *mozárabe*: esos versos finales o «estribillo» son lo que ahora denominamos *jarchas* y constituyen la primera poesía lírica conocida que haya sido escrita en idioma romance español, pues parecen proceder del *al-Ándalus* del siglo IX. De todo ello se hablará más adelante.

El segundo de estos hechos ocurrió en el año 2002, y se refiere a la restauración y conservación del legado andalusí contenido en el «**fondo Ka´ti**». En agosto de ese año se hacía público que la Junta de Andalucía se comprometía a construir una biblioteca en Tombuctú, la antigua ciudad de Malí que hace siglos era encrucijada de las caravanas del norte y del centro de África; esa biblioteca estará destinada a albergar, restaurar y conservar cerca de 3.000 manuscritos andalusíes. En ese compendio del saber medieval andalusí se incluyen todas las ramas del saber de la época, aunque la mayoría de los manuscritos son de carácter histórico y científico, y están escritos sobre el papel árabe y europeo que se fabricaba en la época. Los fondos pertenecen a Ismaël Diadié, miembro de la familia o clan de los Ka´ti, descendientes de aquellos *andalusiyum* que se desparramaron por el Magreb y por las zonas cercanas al golfo de Guinea tras ser los andalusíes vencidos por los cristianos. En ellos hay documentos de Medicina y compendios de Historia y

Geografía pulcramente escritos, y parece constituir el fondo documental más importante que existe en África sobre la historia y la ciencia de *al-Ándalus*, así como sobre su vida cotidiana (bodas, contratos, etc.) y sobre el exilio sufrido por los andaluces en su diáspora tras la reconquista castellana. Entre los fondos hay escritos de Es-Sahili de Granada y Sidi Yahya el Tudelí, así como los originales del *Tarik el-Fettach*, escrito en el siglo XVI por Mahmud Ka'ti, que fue una de las que en ese siglo pusieron fin a la tradición oral de los imperios sudánicos occidentales de Ghana, Malí y Songay, de clara ascendencia árabe. Según su descendiente Diadié, esa obra podría ser uno de los primeros textos literarios de África, llegando a afirmar desmesuradamente que «*esos papeles tienen para cualquier investigador de Occidente la misma importancia que los documentos del mar Muerto para Oriente*». El actual grado de deterioro de muchos legajos es grave, pues la biblioteca actual de Tombuctú ha sufrido daños varias veces a consecuencia de incendios e inundaciones: para evitar su pérdida definitiva, esos fondos serán microfilmados y puestos a disposición de los expertos en el Centro de Estudios Andaluces que se instalará en Almería. El hecho de que no exista copia de esos fondos en lugares más accesibles dificulta sobremanera el trabajo de los investigadores españoles; pero, hasta ahora, aquí no se ha recibido ninguna edición de los manuscritos ni siquiera un índice de su contenido documental, a pesar de haber sido inaugurada con toda solemnidad en 2005.

Poesía y tertulias

Históricamente, **palabras y música** han estado estrechamente unidas en la música árabe. El canto sigue siendo el rasgo central, y aunque se distinguía de la música, el *Corán* —el libro santo del Islam— se recitaba en voz alta, en público y a menudo siguiendo los modos melódicos de la música árabe. Las imprecaciones religiosas y las canciones de los países islámicos se basan en el sistema musical, pero enfatizan el texto de una manera similar al recitado del Corán. Poesía y oratoria son un arte apreciado en las sociedades árabes: tradicionalmente los recitales de poesía forman parte de las ceremonias, celebraciones y otras actuaciones. Los poemas sofisticados y los versos coloquiales solían cantarse con la esperanza de que la actuación del cantante profundizase en el espíritu y significación del poema, aunque sin oscurecer sus juegos de palabras.

Por lo que se refiere a la expresión artística y literaria, ya antes de la aparición de Mahoma y como en el resto de países de aquel área del Próximo Oriente, también en Arabia existía un tipo de **poesía** (tanto lírica como épica) cuyos temas más frecuentes eran los amores fugaces, las virtudes guerreras y el canto a la naturaleza salvaje. Las poesías se transmitían de viva voz entre músicos y cantores itinerantes: aunque en el Próximo Oriente se inventó la escritura alrededor del año 2700 a.C., tenía sólo uso en las cortes reales o en los templos y era desconocida por la casi totalidad de la población. Por eso, para los historiadores, aquellas primitivas poesías constituyen el mejor testimonio de la vida de los nómadas y de los habitantes de las ciudades arábigas; a su vez, para los filólogos lo más importante es que la lengua árabe de aquellas poesías era muy rica en imágenes, y esa riqueza se acentuaba por la métrica; por último, para los etnólogos la importancia de aquellas bellísimas composiciones y cantos estriba en que, al ser conocidas y cantadas por todos, se convirtieron en un importante factor de cohesión para aquellas tribus dispersas. Gracias a esas composiciones poéticas, los habitantes de la Península Arábiga tomaron conciencia de que eran árabes (término que viene a significar «*los que se expresan con claridad*»), lo que trajo consigo el nacimiento progresivo de una conciencia común o nacional que siglos después serviría a Mahoma como modelo de la conciencia unitaria que él aplicó al mundo islámico. En una obra, escrita ya hace más de medio siglo, Essad Bey recordaba un viejo proverbio árabe: *Allah concedió a este pueblo cuatro gracias: la primera, el sencillo turbante para el desierto, preferible a una*

*corona; la segunda, la tienda, más práctica que un palacio; la ter-
cera, la espada, que protege mejor que las murallas más altas; y la
cuarta, el don del cielo, don supremo, que no es otro que el arte
maravilloso del canto libre.*

Esta insólita afirmación es cierta: el canto gobernaba el
desierto hasta épocas muy recientes, y no se conoce pueblo
alguno que se entusiasme tanto como los árabes ante la belleza
de las palabras de una poesía lírica. Y ningún pueblo ha puesto
tanto cuidado como los árabes en su lenguaje y en la enseñanza del mismo, pues —según ese autor— «*todo árabe es un
poeta*». Tenía tal fuerza la palabra que, en los tiempos antiguos,
si dos tribus se veían obligadas a combatir entre ellas, antes del
combate de los guerreros avanzaban los poetas de ambas tribus: cada uno entonaba las alabanzas de su tribu y pasaba a
humillar y vejar a la otra tribu. Los árabes escuchaban a ambos
con cierto recogimiento, y se dio el caso de que la tribu cuyo
poeta quedaba por debajo del otro se retiraba en silencio:
¿para qué recurrir a la espada si el canto ya había vencido?

En Arabia ocurría con los poetas lo mismo que en Grecia con los atletas. El gran acontecimiento de la vida del
desierto era un torneo de poetas; al mejor se le hacían
honores extraordinarios y su poema se grababa en letras
doradas sobre una tela negra y se colgaba a la entrada de los
templos. En *al-Ándalus* no podía ser menos, si bien la fertilidad de su tierra y su clima, con su exuberancia floral y embria-
gadores aromas, llevó a sus poetas y cantores a fijarse más en la
poesía lírica y a reflejar en sus composiciones la belleza, el
amor, la pasión y la galanura. Sobre la lírica andalusí, y más concretamente acerca de las *jarchas*, apareció en 1987 un interesante
artículo firmado por Carmen de Urioste (Universidad de
Arizona), en el que esta autora afirmaba que en los orígenes de la poesía arábigo-hispana se encuentra la poesía
clásica oriental, que arraigó profundamente en *al-Ándalus*. Así, la *qasida*, una forma poética de Arabia anterior a la
aparición del Islam, estaba formada por versos monorrimos
(entre 30 y 150) en los cuales cantaban al amor o a la vida

nómada, usando abundantes metáforas e imágenes. Con esa forma hubo en la lírica árabe muchas poesías que describían dos tipos de amor: el amor sensual y el amor platónico o *udhri*.

Este género pasó desde muy pronto a *al-Ándalus*, en donde la poesía no tuvo un desarrollo independiente hasta el siglo XI, alcanzando en ese momento su máximo apogeo. Entre los poetas andalusíes más sobresalientes se encuentran Abu Abd-al-Malik Marwan (963-1009) autor de un magnífico *Diwan* (cancionero) y dentro de él la famosa *Qasida en qaf*; y a Ibn Hazam de Córdoba (994-1064), autor del tratado de amor *El collar de la paloma*, en el cual mezcla el amor platónico con el amor sensual. Lo específico de *al-Ándalus* era que, frente a la poesía culta importada de Oriente, los andalusíes produjeron dos manifestaciones líricas de origen popular y urbano (el *zéjel* y la *muwasaja*), que serían el fruto del refinamiento de la época califal, un fruto lírico que desde centros tan sofisticados como el Palacio y los salones y harenes de los potentados pasó a integrarse en la vida cotidiana de todos los andalusíes: estas coplillas, muy extendidas en *al-Ándalus*, se cantaban en reuniones diversas, desde las fiestas sociales a las celebraciones familiares:

• El *zéjel*, escrito en lengua árabe dialectal con abundancia de expresiones en romance o *aljamía* (nombre que los árabes daban a la lengua castellana), era una forma de canción popular.

• La *muwasaja*, escrita enteramente en árabe clásico, poseía también un carácter popular y estaba escrita para ser cantada, con excepción del estribillo.

• La *jarcha* o *markaz*, escrita en lengua romance o vulgar castellana, estaba compuesta en estilo directo y es la composición más antigua de la lírica española.

Aparte de las creaciones propias de *al-Ándalus*, los andalusíes participaron también en la universalista cultura islámica literaria de aquel tiempo, la cual tuvo una influencia decisiva en la narrativa y la poesía medieval española y europea, y constituyó un fondo inagotable de argumentos, situaciones, asuntos y estilos literarios. Algunos de los ciclos de literatura árabe conocidos en *al-Ándalus*, y difundidos desde allí por Europa, fueron el *Calila e Dimma* de Ibn Almluqaza (siglo VIII), que era una colección de cuentos morales; el *Diwan* de Al-Mutanabi (siglo X), una colección de poesías de diverso origen en la que el autor recopila, perfecciona e inventa; *Las mil y una noches* y el *Sendebar*, ambos recopilación de cuentos orientales; el *Barlaam y Josafaf*, un cuento basado en una leyenda hindú; por último, deben recordarse los numerosos «Libros de máximas y sentencias», abundantes en la literatura árabe: así, el *Libro de sentencias* de Abu-l-Wafa Mobaxir o las *Sentencias morales* de Honain ben Ishaq, los cuales pasaron sin dificultad a la Edad Media cristiana.

De la *razzia* a la guerra caballeresca

Los primeros musulmanes que desembarcaron en la Pensínsula y, por la traición de vitizianos y judíos, la conquistaron para el Islam eran árabes (estos **baladíes** serían luego la élite del ejército y la Administración), pero mayoritariamente beréberes, que en los primeros ejércitos andalusíes fueron el elemento predominante. Estas tropas combatían aún al modo árabe primitivo, organizadas por tribus y clanes, y estimuladas por el botín. Pronto se incorporaron los hispanos muladíes y posteriormente llegarían otras tropas procedentes de Siria (los «chundíes») y del Magreb, sumándose también los «mamelucos» o esclavos liberados; con ello, los *baladíes* y beréberes pasaron a ser una reserva a la que sólo en casos excepcionales se llamó a luchar. Los problemas que, para asentarse en el poder andalusí, tuvo Abderramán I con los qaysíes, y luego con los kelbíes yemenitas, le llevó a crearse una guardia personal formada por *mawlas* árabes e hispanos, a los que añadiría chundíes y «fata», esclavos eslavos liberados.

Pero el verdadero organizador del Ejército andalusí fue **al-Hakan I** (796-822), quien creó un ejército profesional al que se conocía con el nombre genérico de *Hasham*, compuesto por «mamelucos» eslavos (a los que el pueblo llamaba *al-Jurs* —los mudos— porque no sabían hablar árabe y no trataban con la población cordobesa) y por beréberes mercenarios, así como por muchos mozárabes; los *fata* o «mamelucos» constituían también la *daira* o guardia palatina del Califa, compuesta por antiguos esclavos francos, hispanos y eslavos: el *arif* o *comes* (conde) mozárabe Rabí mandaba los 2.000 hombres de la guardia. Estos «mamelucos», antiguos cristianos convertidos al Islam, crearon una facción «pretoriana» en la sociedad y la política andalusí: socialmente se les conocía como *saqaliba* o esclavos, pero estos libertos *fata* pasaron a ser *mawlas* (*mawali*: clientes) y fueron leales a la dinastía omeya hasta el final; cuando el Califato se disgregó en 1035, los *fata* gobernaron varias Taifas como reyezuelos.

El **ejército califal** formado por todos ellos se nutría de tres tipos de efectivos:

— *al-hasham*, los mercenarios pagados por el califa con una soldada o *mustaziga*, y que eran el núcleo principal del Ejército; estaban formados por beréberes, muchos mozárabes y por antiguos esclavos eslavos, francos, hispanos y negros africanos.

— *al-yund*, o tropas «chundíes», compuestas por las movilizadas en los *yunuds* en caso de guerra y por las tropas aportadas por los clientes de los grandes señores árabes (a éstos se les pagaba también con una soldada).

— *al-muttawí*, o voluntarios —*muyahidum* o «muyaidines»— de la *yihad* o «guerra santa» contra los infieles o cristianos del norte; mayoritariamente solían ser beréberes y muladíes hispanos.

Orgánicamente, se componía de *fursan* (cuerpo de Caballería) y de *rashyala* (cuerpo de peones o Infantería) que ya no combatían al estilo árabe por tribus y clanes. Respecto a las secciones y los grados militares, el ejército se organizaba sobre la base del 5: así, el *amir* mandaba una unidad militar (5.000 soldados:

generalmente, 3.000 infantes y 2.000 jinetes), que estaba compuesta por 5 batallones; el *qaid* mandaba un batallón (1.000 hombres), que tenía 5 grupos; el *maqib* mandaba un grupo (200 hombres), con 5 secciones; el *arif* dirigía una sección (40 hombres), con 5 escuadrones y el *nazir* mandaba un escuadrón de 8 hombres. Los efectivos armados eran tan numerosos para su época que algunas expediciones pudieron llegar a los 35.000 hombres. Tanto en marcha como en combate, la caballería cubría el frente y los flancos o lados de la infantería, y combatían con táctica de «cuña» (romper las líneas enemigas).

La **organización y defensa** del territorio se hizo dividiendo *al-Ándalus* en *quras* o provincias, dirigidas por un *walí*; pero cuando eran zonas fronterizas con cristianos se denominaban *thugur* (marca), siendo dirigidas por un *caíd*: al principio había tres (superior, media e inferior), pero durante el califato hubo dos (*al-thagr-al-ala*, superior o extrema, con capital en Zaragoza, y *al-tharg-al-aduia*, mediana o próxima, con capital en Medinaceli). Para el ataque (*aceifa*) o **acción ofensiva**, realizada siempre en primavera y verano, el califa hacía un «llamamiento» o movilización (*istinfar*, movilización según el *diwan*) para los obligados al servicio militar y un «alistamiento» para los voluntarios y mercenarios; además de estas tropas «militares» había otras tropas «religiosas», más fanáticas y motivadas: en *al-Ándalus* hubo *ribats* (monasterios-fortaleza) en lugares estratégicos o fronterizos en los que habitaban los *muyaidines* (monjes-soldados, combatientes por la fe).

Posteriormente, Almanzor hizo otra importante reforma del ejército andalusí, que algunos autores califican de «bereberización» del ejército, a pesar de que esto ocurrió propiamente durante el reinado de **al-Hakan II** (961-976) cuando admitió guerreros berberiscos para su guardia: primero incorporó un *abid*, escolta negra, luego admitió a guerreros que eran clientes de los reyes *idrisíes* de Marruecos, después a los jinetes Banu Birzal de Ifriquiya (Túnez y Argelia). Muhammad Ibn Abú Amir *al-Mansur* («el victorioso», **Almanzor**, 981-1002), *hachib* del califa Hixán II (976-1009/1013), rompió los moldes étnicos para crear un ejército profesional eficaz al servicio del Estado; para ello prosiguió la política de al-Hakan II y estimuló a los beréberes a emigrar masivamente a *al-Ándalus*, destacándose entre éstos los Banu Ifran y el *sinhayi* de los príncipes ziríes. De esta forma rompía con la estructura tribal de los *yunuds* sirios, basada en los lazos familiares y de clientela; a la vez, consolidaba su dominio personal en *al-Ándalus* orillando a la aristocracia militar tradicional, que podría representar en el futuro un peligro para él y para la monarquía que delegaba todo en él.

Es necesario reiterar algo ya conocido: durante los Reinos de Taifas, sus ejércitos estaban únicamente compuestos por mercenarios. Pero la llegada masiva de guerreros y familias beréberes se fue incrementando hasta el punto de que las tropas del marroquí **Imperio almorávide** se componía únicamente de cabilas africanas llegadas a *al-Ándalus* y de voluntarios *muyaidines*, especialmente los fanáticos «morabitos»: en sus batallas contra los cristianos ponían a los andalusíes delante (en la vanguardia) para matarlos si desertaban. Fue entonces cuando se vio la necesidad de crear en *al-Ándalus* unos *ribats* similares a los almorávides para compensar con esas instituciones religioso-militares (morabitos o monjes-soldados de los *ribats*) la función de las Órdenes Militares cristianas, nacidas en las Cruzadas y que se habían extendido también a la España cristiana. Durante el también marroquí **Imperio almohade** ocurriría lo mismo, si bien los almohades componían su ejército con las cabilas sometidas (las de Harga, Kumia, Hintata, Yanfisa, Yadmiwa, Sanhaya y Hakura, según el *Marraqusí*) y con una milicia compuesta por otras tropas extranjeras, como los famosos arqueros turcos —los *guzz*— que con los almorávides participaron en la victoria de Zalaca y con los almohades en la derrota de las Navas de Tolosa, según Huici Miranda. Los almohades clasificaban sus tropas entre *yumua*, guerreros que recibían una soldada y residían en Marrakésh (capital del imperio), y los *ummum*, que permanecían en otras ciudades; a ellos se sumaban los muyaidines voluntarios que venían a participar cuando se proclamaba una *yihad* o «guerra santa».

Como es sabido, las *aceifas* o expediciones guerreras andalusíes contra el norte hispanocristiano sólo se efectuaban en primavera y verano, ya que las tropas debían abastecerse sobre el terreno mismo a costa de campesinos y habitantes de las aldeas y ciudades que tomaban. Desde Córdoba salían más de 10.000 hombres, a los que se iban agregando otros miles en las diferentes etapas del camino, hasta completar un heterogéneo ejército de 20 o 30.000 soldados. C. Sánchez-Albornoz y F. Aznar señalan que los ejércitos andalusíes tenían dos rutas: en la *occidental*, por Mérida subían hasta León y Galicia, y en la *oriental*, por Toledo, Guadalajara, Medinaceli y Zaragoza, guerreaban en la ribera del Ebro contra francos y catalanes, y en la ribera del Duero contra los castellanos y leoneses: evitaban de este modo la submeseta norte, poco poblada y que podría ofrecer muy escaso abastecimiento para sus tropas. La **caballería** solía ser de dos tipos: la *ligera*, cuya función era atacar por sorpresa u hostigar al enemigo que huye, por lo que se armaba con lanzas cortas arrojadizas y con arcos, y se dotaban de estribos cortos y sillas de montar ligeras en caballos más finos y pequeños. La caballería *pesada* se utilizaba para arrollar al enemigo y abrir paso a la infantería propia, por lo que utilizaban caballos más grandes, se protegían con cota de malla larga o con armadura, iban armados con lanzas largas y con espadas romas para golpear y hender; por eso se dotaban de estribos más largos (para apoyarse en ellos al cargar) y sillas más altas y fuertes.

Según las ilustraciones de los «*beatos*», los peones andalusíes o **infantería** iban tocados con boina (prenda de origen oscuro y muy extendida en *al-Ándalus* y entre los hispanocristianos del norte), aunque los nobles y *ayán* llevaban casco de hierro, y solían vestir cota de malla debajo de la túnica: iban armados con espadas y cuchillos, con venablos y lanzas e incluso con mazas de madera claveteadas con hierro. Los beréberes solían ir medio desnudos y llevar un capacerte de cuero o turbante, con armas muy ligeras y mazas claveteadas, y eran agresivos y feroces en combate. Los *chundíes* sirios se tocaban con el turbante árabe, que anudaban en torno al yelmo de hierro si lo llevaban, y estaban armados con espadas. Respecto a las armas, no deben olvidarse sus potentes arcos y sus eficaces hondas, así como unas mazas populares que eran unas alargadas bolsas de cuero cocido rellenas con pequeños guijarros. Todos estos guerreros solían tener pequeños escudos redondos (en español, «broquel»), de madera recubierta con cuero endurecido y claveteado con tachuelas de hierro; más tarde, el escudo de la caballería (y luego de todas las tropas nazaríes) sería la *adarga* o escudo ovalado, partido con acanaladuras superior e inferior, probablemente para apoyar la lanza al combatir como los cristianos. Entre sus venablos o lanzas, arrojadizas normalmente, destacaba el *turpin daylami*, una lanza con hierro en ambos extremos, que procedía de Persia y que quizás fuera un residuo de las armas allí usadas por Alejandro Magno.

En el terreno de la arquitectura militar, cabe mencionar la fortificación de las ciudades mediante **murallas** con parapeto almenado, que tenían torres defensivas a tramos regulares. Solían estar precedidas por barbacanas pareadas que protegían las puertas de acceso, frecuentemente construidas en recodo para impedir una irrupción masiva del enemigo sitiador en caso de derribar las puertas. En este sentido, recuérdese el gran interés de las murallas de Niebla y Sevilla. Las **alcazabas** fueron también construcciones típicamente defensivas que, en ciertas ocasiones, albergaban en su recinto auténticas ciudades residenciales, como es el caso de la de Málaga y la de Almería. Dentro de la arquitectura residencial destacaron también los **alcázares y palacios**, algunos tan suntuosos como el de la Alhambra y el de Medina Azahara, *Madinat* al-Zahra, auténtica ciudad-palacio.

Sin embargo, la gran aportación de los árabes a la guerra no fue ni una táctica ni una estrategia, sino un medio para aterrorizar y destruir al enemigo: la **pólvora**. Según los cronistas andalusíes, cuando Alfonso X *el Sabio* sitió en 1257 la plaza de Niebla (Huelva), los moros «*lanzaban piedras y dardos*

Aljafería (Zaragoza). Arcos del patio interior.

Caballeros árabes muestran al rey diversos juegos. Ilustración del "Libro del Ajedrez" de Alfonso X.

Arqueta de Palencia.

El arte califal aporta una impronta inconfundible al que está considerado el templo más grande del mundo islámico, La Mezquita de Córdoba.

Estela funeraria de la época nazarí.

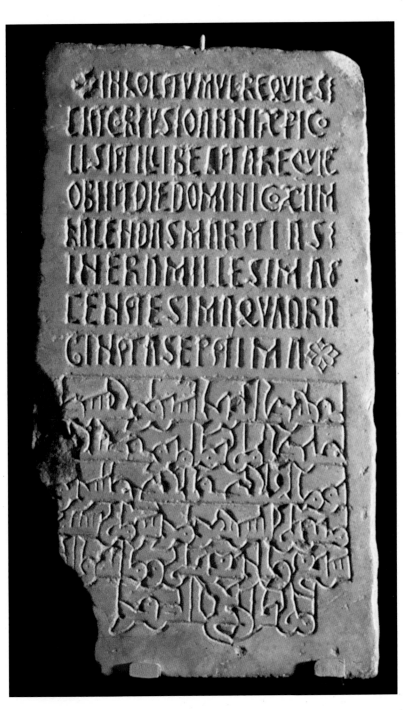

Estela mozárabe de Córdoba.

Colindante con la Alhambra se encuentra el Generalife, con un jardín de plantas variadas y estanques con preciosos juegos de agua.

Los mocárabes y las yeserías de la Alhambra son de una belleza excepcional.

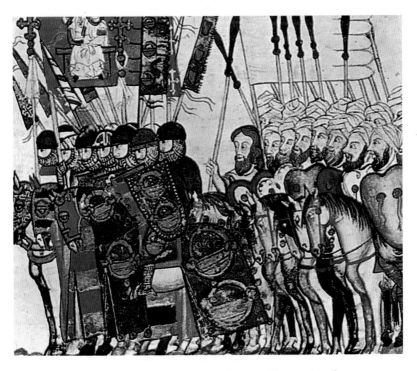

*Caballeros cristianos y musulmanes. Ilustración de
la "Crónica General" de Alfonso X.*

Los patios se consideran el alma de la Córdoba tradicional.

Patio de los Leones. Una de las estampas más típicas de la Alhambra granadina.

con máquinas y tiros de trueno con fuego»: así nació la artillería, utilizándose la pólvora con usos militares por vez primera en Europa. Al principio, las piezas de artillería eran armas de fuego con un alcance muy corto, y se las llamaba *truenos y lombardas*. Más tarde, ya en el siglo XIV, aparecieron los «truenos de mano» o *culebrinas*, que permitían su manejo a un soldado; pero fue en el siglo XV cuando aparecieron las armas verdaderamente portátiles: las *espingardas*, de cañón más largo, con balas de menor tamaño, pero de mayor alcance. Hasta el pasado siglo XX se creía que la pólvora se había utilizado militarmente en Europa a principios del siglo XIV, pues los cronistas castellanos que recogieron el sitio de Algeciras por Alfonso XI en 1344 escribieron que los andalusíes «*lanzaban pellas de fierro con truenos, que venían ardiendo como fuego*», añadiendo que «*los polvos con que las lanzaban eran de tal manera que cualquier llaga que ficiesen luego era muerto el home*».

Por último, no deben olvidarse en este epígrafe las prodigiosas **armas blancas** andalusíes, especialmente las espadas y puñales, que eran fabricadas mediante el proceso del *damasquinado*, un sistema secreto de oxigenación durante la fundición y cuyo resultado era el famoso «acero de Damasco»: un buen ejemplo eran las dos espadas del Cid, la *Tizona* y la *Colada*, ganadas en batalla a reyezuelos y caudillos moros, que estaban forjadas en ese famoso acero. Ni tampoco el uso militar de los **tambores** y timbales, que también en Niebla sobrecogieron los ánimos y corazones de los sitiadores castellanos, que se llenaron de pavor con aquel inaudito estruendo. De igual modo, y ante la necesidad de defenderse de las incursiones vikingas o normandas que asolaron también las costas andalusíes en el año 844, fundaron *atarazanas* o astilleros en Sevilla: con las naves de su **Marina de guerra** pudieron rechazar y vencer a los vikingos en el 858. En los buques, la tripulación de marineros iba dirigida por un *rais*, mientras que su dotación militar estaba mandada por un *qaid*; generalmente, el fondeadero de la Escuadra estaba en Almería.

CAPÍTULO IV

Sociedad y costumbres sociales

Tierra y sociedad en *al-Ándalus*

El dominio y **distribución de los musulmanes en España** se produjo tras sus victorias militares. En su avance por la península, dominadas las ciudades y todas las vías de comunicación importantes, requisaron las tierras de la Corona visigoda (que entregaron a Agila II y a sus hermanos conforme al pacto con ellos), así como los demás bienes y tierras del Estado, los de la Iglesia, los de los nobles «rodriguistas» resistentes, los de los huidos y los de los vencidos. Después de reservar para el Califa el *jums* (la quinta parte del botín, conforme a lo que estableció Mahoma), repartieron el resto entre los conquistadores y los nuevos musulmanes hispanogodos con arreglo al *diwan* de Omar: según lo dispuesto en él, primero se asignaron las regiones a los diversos grupos; luego, los territorios y fincas de cada una de esas regiones se repartieron por sorteo entre los clanes o familias del grupo, igual que siglos atrás habían hecho los visigodos. El valí Muza realizó el primer reparto; posteriormente (entre los años 714 y 719), los valíes Abd al-Aziz y al-Hurr sentaron las bases de la administración islámica del territorio, al que entonces cambiaron de nombre y llamaron *al-Ándalus*. Parece ser que estos primeros años de la ocupación musulmana produjeron una cierta nivelación social o igualdad inicial: como señala P. Chalmeta, «*la conquista supuso no sólo la total desamortización de los bienes de la Iglesia, sino también la redistribución de las propiedades de casi toda la aristocracia visigoda*».

Con arreglo a lo que cada grupo escogió, y hablando a grandes rasgos, los árabes eligieron las regiones del litoral mediterráneo y los valles de los ríos Guadalquivir (regiones y provincias de Córdoba, Sevilla, etc.) y Ebro (Zaragoza); más concretamente y según P. Guichard, los árabes *yemeníes* ocuparon dos grandes zonas: la sudoccidental (desde la portuguesa Beja, en el Bajo Alentejo, hasta Málaga y Archidona) y la Marca Superior (los valles de la desembocadura del Ebro); los *qaysíes* se instalaron en la franja superior, desde Mérida (Badajoz) hasta el Maestrazgo y las montañas de Levante. En cuanto a la Andalucía oriental, desde Málaga al reino de Todmir (la región de Murcia y Alicante), fue ocupada por árabes en general, sin predominio de ninguna tribu o grupo; curiosamente, y en contra de lo que habitualmente se ha dicho, la región valenciana era un territorio sin casi población árabe.

Por su parte, el grupo más numeroso de los invasores procedía del Magreb occidental —Marruecos— y de Ifriquiya —Túnez— y eran los beréberes de las tribus Magila, Zanata, Masmuda, Miknasas, Nafza, Hawwara y Sinhaya. Las zonas donde se asentaron como poblamiento alógeno mayoritario fueron la región del centro de España, salvo el enclave hispanogodo de Toledo que regían sus aliados judíos: Guadalajara, Medinaceli, Soria, Ateca y más al norte, un territorio al que —según J. Oliver Asín— los beréberes tunecinos impusieron el nombre de Castilla en recuerdo a *Qastilya* natal. Otras zonas beréberes eran las situadas al sur de Toledo, habitadas por los Nafza, y la zona de Los Pedroches (en Sierra Morena, al norte de la provincia de Córdoba), donde eran más numerosos que los árabes asentados en la región. La segunda gran área beréber fue la región levantina, el extremo occidental de la cordillera Bética y la sierra malagueña de Ronda, así como algunas colonias en el valle del Guadalquivir (Écija, Osuna, Morón, Carmona). La tercera, pero en una proporción muy minoritaria, se dio en el valle del Ebro, en la Andalucía oriental, los alrededores de Sevilla y la costa malagueña. Parece lógico que los beréberes se instalaran en regiones montañosas: reproducían su habitat y entorno ecológico africano, y les permitía escapar al riguroso control omeya-andalusí.

Además de ese asentamiento y dominio de los extranjeros sobre las tierras y posesiones de aquellas regiones, y conforme a los pactos *adh* establecidos con los hijos de Vitiza y otros líderes militares (como Teodomiro), en *al-Ándalus* había también territorios o **islotes hispanogodos**, regidos y habitados por personajes que seguían siendo cristianos (Teodomiro) o que se habían convertido al Islam (los Banu Qasi). Respecto a capitulaciones (*suhl*) y pactos (*adh*), las posesiones y tierras de los hispanogodos que habían capitulado o pactado con los musulmanes fueron respetadas y quedaron en posesión de sus dueños; pero éstos, como contrapartida, debían pagar una impuesto territorial (*jaray*) y, si se mantenían como cristianos, debían pagar la *yizya*: con ello reconocían la posición eminente de la *umma* o comunidad islámica. No hay que olvidar que el *jums* (la quinta parte del botín reservada para el califa) incluía también tierras que, si bien siguieron cultivadas por sus antiguos propietarios hispanogodos —muladíes o no—, éstos recibían ahora el nombre de «quinteros» (*al-ajmás*) y debían entregar a los funcionarios del califa un tercio de lo que hubieran obtenido. Las tierras andalusíes que quedaron en posesión de magnates godos fueron pocas.

• Los territorios gobernados directamente por visigodos aliados o vitizianos eran pocos, pero entre ellos destacaban el de Todmir (o Teodomiro), el gobernador de Andalucía que durante la primera década del siglo VIII rechazaba y vencía a los musulmanes en sus intentos de desembarco en Hispania. Siguió luchando contra los islámicos y resistiéndoles hasta que el hijo de Muza y primer valí de *al-Ándalus*, Abd al-Azis, hizo con él un pacto (*adh*) en el año 713: Teodomiro dejaba Andalucía y se retiraba a la región de Murcia como vasallo del Islam y ocupaba un extenso territorio triangular que abarcaba desde Alcoy a Caravaca y Cazorla hasta Águilas, y cuya capital era Orihuela (Oriola). El «reino» pervivió casi medio siglo como aliado de los musulmanes andalusíes; al morir Todmir mantuvo ese mismo estatus bajo su hijo Atanagildo hasta aproximadamente el año 760, en que el primer emir omeya acabó con su autonomía y lo integró completamente en su emirato.

•Agila, el hijo de Vitiza que quiso ser rey de España, se tuvo que conformar con un pequeño territorio, cerca de la vigésima parte del de Todmir, situado entre Huesca y Zaragoza, en la región denominada Harka-Sull. Su gobierno duró tan sólo desde el año 711 al 714, año en que fue sucedido por Ardo, que reinó desde el 714 al 725 únicamente sobre ciertas zonas de la actual Cataluña y la Septimania.

•Olemundo, el segundo hijo de Vitiza y hermano de Agila, al acabar la conquista y el dominio de la Península por los musulmanes, recibio en el año 714 varias villas al norte de Huelva y noroeste de Sevilla, en territorios distintos y sueltos.

•Ardabasto, hermano de los anteriores, obtuvo otros territorios y villas, también fragmentados, al norte y noroeste de Córdoba, de forma que algunas de sus tierras estaban cercanas a las de su hermano Olemundo.

•El Imperio Bizantino poseía, al menos formalmente, las islas Baleares y las siguió manteniendo hasta el 754; ese año fueron conquistadas por los francos, cuyos barcos y tropas se posesionaron de ellas, las fortificaron y las mantuvieron cuarenta años. Pero en el año 798, las tropas musulmanas andalusíes de Al-Hakan I, emir omeya de Córdoba, conquistaron una por una las islas y las agregaron a *al-Ándalus*.

•Otros importantes magnates visigodos firmaron también pactos *adh* con los árabes en el transcurso de su conquista de Hispania: también ellos obtuvieron territorios con autonomía administrativa dentro del valiato andalusí a cambio de reconocerse vasallos de los musulmanes y pagarles los correspondientes impuestos. De todos estos magnates godos hay que recordar especialmente a Ajuán, que gobernó la zona portuguesa de Aveiro, entre el sur de Oporto y el noroeste de Viseu, y a Casio, que dominó en Zaragoza y fue el origen de la importante familia *Banu Qasi* de muladíes andalusíes que descollaron en aquella zona y son muy conocidos en la historia medieval española.

Finalmente, otras **fórmulas de distribución y reparto de tierras** y recursos hispanos fueron las que se produjeron años después como consecuencia de los sucesos que pronto iban a acaecer en la Península: la *iqtá* del valí o emir al-Samh al-Jawlani y la *iqtá* de los *chundíes* del emir Balch al-Qusayrí. El valí al-Samh (719-721), que ya recibía el título honorífico de «emir» (caudillo, príncipe), fue enviado por el califa omeya de Damasco a *al-Ándalus* para inventariar las riquezas del nuevo territorio incorporado al Islam; llegó con 400 árabes nobles y otras fuerzas, y como había que darles tierras, entraron en conflicto con los *baladíes* (los primeros ocupantes islámicos ya asentados). Para evitar problemas mayores, el emir repartió entre sus hombres otras tierras que teóricamente pertenecían a la *umma*: mientras que el califa y su corte defendían que todas las tierras eran propiedad de la comunidad musulmana, los *baladíes* o primeros conquistadores árabes y beréberes las consideraban botín de guerra y, por tanto, susceptibles de apropiación individual, como bienes particulares, salvo el *jums* o quinta parte del botín y de las tierras, que es lo único que se entregaba al califa.

Refiere Manuel Sánchez que hubo una sorda lucha entre los *baladíes* —los conquistadores musulmanes ya instalados—, que deseaban conservar como propias las tierras recibidas y que legalmente pertenecían a la *umma*, y los *walíes* o emires representantes del Estado omeya, que pretendían privarles de ellas y devolverlas a la *umma* entregándolas al califa. El clamor de protestas llegó a Damasco; y, a pesar de que al-Samh había realizado un catastro o registro de las tierras y fincas de *al-Ándalus* para conocer los derechos de sus nuevos ocupantes, refiere el *Ajbar maymu'ah* que el califa ordenó al emir al-Samh que «*confirmase el usufructo de las aldeas a sus conquistadores*». Las tierras quedaron así en una situación de «ilegalidad consentida» hasta la llegada de Balch en el año 741. De este modo al-Samh realizó entre sus hombres un reparto individualizado de algunas tierras pertenecientes al *jums* del califa, las únicas que se podría considerar propiedad de la *umma*: fue un paso importante, pues supuso en *al-Ándalus* que la aristocracia guerrera se convirtiera en nobleza terrateniente al recibir las tierras en *iqtá*. La *iqtá* era un régimen de explotación de tierras de la *umma* que no implicaba propiedad de ellas, sino el usufructo o disfrute de las mismas en provecho personal; esa institución o régimen de tenencia de tierras copiaba la *enfiteusis* bizantina, un sistema en el que el emperador entregaba tierras a sus soldados como pago por sus servicios pasados y futuros, lo que les permitía un medio de vida que se podía transmitir a los hijos, y que les sujetaba como soldados fieles a aquel lugar y les hacía luchar con estímulo: en caso de ser vencidos, perderían su medio de vida.

Sin embargo, el descontento por el reparto de tierras o porque unas eran mejores que otras, creó primero mucha irritación; pero la mayoría de los musulmanes esperaban alcanzar otras oportunidades mejores en el futuro inmediato. Pero no fue así: tras intentar penetrar en Francia e invadirla como lo habían hecho en Hispania, sufrieron en el año 732 la derrota de Poitiers (al sur de Tours) ante los francos dirigidos por Carlos Martel, el monarca carolingio del reino franco de Austrasia que detuvo el avance musulmán en Aquitania, causó la muerte del emir Abd.al-Rahmán al-Gafiquí, y acabó con la esperanza de los islámicos de adueñarse del centro de Europa. Con este hecho se acabó también la esperanza del reparto de nuevas tierras; pero implicó mucho más, pues suponía el repliegue de los beréberes al interior de la Península, el recrudecimiento de las rivalidades étnicas y el fin de los cuantiosos botines de guerra.

Sólo quedaba la tierra como única fuente para prosperar y progresar, lo que agudizó los conflictos por la ocupación de fincas y terrenos. Así surgió en *al-Ándalus* la rebelión de los beréberes que, como los *jariyíes* del Magreb, reaccionaron violentamente contra el predominio de la oligarquía árabe y contra los intentos de los califas omeyas por expropiar las tierras que habían conseguido treinta años atrás.

Para acabar con la rebelión del Magreb, ahogándola en sangre, el califa omeya Hixán I envió allí a 10.000 soldados, casi todos *qaysíes*, de las circunscripciones militares (*chund´s* y *amsars*) de Siria: vencieron a los beréberes junto al marroquí río Sebú y, llamados por el emir de *al-Ándalus*, vencieron a los rebeldes beréberes andalusíes, luego depusieron al emir y en su lugar colocaron a su jefe, Balch al-Qusayrí (741-742). La actuación política de éste, escandalosamente favorable a los *qaysíes*, motivó una nueva revuelta, que fue la de los *baladíes* o primeros conquistadores ya instalados. Un nuevo valí, Abúl Jattar (743-745) acabó con la rebelión y solucionó definitivamente el problema: ante la imposibilidad de expulsar a los sirios, les asentó en unas zonas concretas (Jaén, Sevilla, la granadina Ilbira o Elvira, el murciano «reino» de Todmir) mediante una *iqtá istiglal*, una forma de soldada compuesta por algo de tierra y una parte de los impuestos (*yizya*) pagados por los cristianos andalusíes; por otro lado, compensó a los *baladíes* de las incautaciones realizadas por los *chundíes* sirios ratificando la hasta entonces ilegal propiedad de las tierras que se habían repartido en la época del valí Muza. Con todo ello aumentó la fuerza de la estructura tribal en el ejército andalusí, consolidó a la aristocracia militar árabe, e inició un período de predominio omeya y sirio en *al-Ándalus*.

Grupos o colectivos sociales

A pesar de que el Islam sólo reconoce como sociedad legítima a la *umma* o comunidad de creyentes, teóricamente iguales, la realidad es que tanto entonces como ahora ese igualitarismo era una utopía. La estructura social de *al-Ánda-lus* estuvo condicionada por el origen histórico de sus grupos y clases sociales: los faquíes o juristas islámicos fundaban la división social sobre la condición de «libres» o «esclavos» y toleraban e incluso justificaban el gobierno monárquico basado en la oligarquía tribal. Desde el punto de vista del poder, los grupos sociales en *al-Ándalus* eran formalmente dos y cada uno de ellos tenía su propio y complicado entramado interno: el grupo dominante eran los musulmanes, y abarcaba a los árabes, beréberes y muladíes, y el grupo sometido lo formaban los cristianos y judíos «pactantes», y los esclavos y cautivos. La estructura interna de cada grupo respondía al esquema tribal tradicional y antiguo de «nobleza» *(jassa)*, «notables» *(ayan)* y «masa» *(amma)*; los sectores influyentes de esa sociedad, que mantuvieron la pervivencia de la sociedad andalusí durante más de siete siglos, pertenecían a los grupos o colectivos de los notables y letrados.

En cierto modo, **el propio Mahoma había establecido diferencias entre los musulmanes** al discriminarlos inicialmente según su antigüedad en el Islam y su fidelidad al «Profeta»: desde un principio esta diferenciación creó problemas en Medina, y luego sería la causa del descontento que dividiría al mundo islámico. En efecto, Mahoma denominó *muhadyirum* («compañeros») a los primeros musulmanes, a aquellos inmigrantes de La Meca que habían huido de su ciudad y marcharon con él a Yatrib (Medina), donde se instalaron y fueron sus seguidores más fieles, constituyendo su mejor apoyo. A estos seguidores agregó los nuevos conversos de las tribus árabes de Medina, a los que denominó *ansar* («auxiliares» o «ayudantes», nombre honorífico que Mahoma les confirió). Posteriormente, los demás árabes pasaron a formar parte de los que habían pactado con él y se habían convertido al Islam, como los medineses, y por último se encontraban los conversos nuevos (antes judíos, cristianos y mazdeístas o zoroatristas) de los pueblos no-árabes, a los que sus sucesores denominarían *mawla* (o *mawali*, en plural: «clientes», dependientes, aliados). Esa diferenciación quedó después legislada alrededor del año 639 en el *Diwan* (registro, lista) de Omar.

En el *Diwan*, los **árabes** constituían el escalón más alto de la sociedad andalusí. Entre éstos, y por principio, los más importantes eran los *hachemitas* (la familia o clan de Mahoma) y los *coreichitas* (su tribu de La Meca). En un escalón más abajo se hallaban el resto de los árabes, tanto si eran *qaysíes* del norte de Arabia como si eran *yemeníes* del sur; a partir del año 741 se incorporó a los chundíes sirios. En el reparto inicial, las mejores tierras de *al-Ándalus* se reservaron a los árabes, así como los puestos más altos en la administración y el ejército andalusí. De todos ellos, los *baladíes* eran los primeros árabes que entraron en la Península en los años 711 y 712 acompañando a Musa ibn Nusayr, y constituían la aristocracia musulmana andalusí. Tras ellos, los **beréberes** africanos, islamizados una o dos décadas antes de entrar en Hispania, formaban la mayoría de los ocupantes musulmanes, y aunque recibieron muchas tierras, como se verá después, éstas eran de inferior calidad a las recibidas por los árabes. Finalmente, los *mawali* (maulas o clientes) eran los hispanovisigodos renegados del cristianismo que se convirtieron al Islam; los historiadores explican su multitudinaria «conversión» estimando que los nuevos conversos esperaban mejorar así su situación social y económica, participando en el reparto de tierras como nuevos miembros de la *umma*. Eso les libraba inmediatamente del pago de la *yizia* (el impuesto que debían pagar los *dimmíes*) y les asimilaba en teoría al resto de ocupantes musulmanes. Como es lógico, este grupo fue numéricamente el más importante en *al-Ándalus* y se suponía que se fundieron con árabes y beréberes mediante matrimonios mixtos a lo largo de los siglos de ocupación árabe, pero Guichard demostró lo contrario.

Los **infieles** eran el último escalón social en el mundo musulmán, y por consiguiente también en el andalusí. Para los hombres del Islam existen dos tipos de infieles o no musulmanes: el *kafir* (pagano) y el *ahl al-kitab* (la gente del Libro: judíos y cristianos). Los infieles paganos o *kafirum* (en Hispania no los había) que caían bajo el dominio islámico tenían que elegir entre convertirse o pasar a la condición de esclavos; pero los «hombres del Libro», es decir, los miembros de las dos religiones que ya «profesaban la fe en una parte de la verdad revelada», se les consideraba como encaminados a alcanzarla por completo cuando se islamizaran y por ello merecían un estatuto de protegidos (*dimmíes*); eso les permitía seguir con la práctica de su religión, siempre que no hubieran opuesto resistencia y que se comportaran con lealtad hacia los poderes musulmanes, esto es, que no hicieran prosélitos. Esta situación valía tanto para los cristianos y los judíos como para los mazdeos en Persia.

Entre los *dimmíes* hay que diferenciar dos grupos distintos y opuestos. Por un lado, los **judíos**, que inicialmente fueron el mejor apoyo interno para los musulmanes y sus aliados durante la invasión; como pago a sus servicios, recibieron inicialmente el gobierno de varias ciudades importantes y se les concedieron algunos territorios en los que ejercían el poder en nombre del Califa. Muchos de éstos territorios quedaron tan controlados por ellos que, siglos después y a la caída del califato, algunas de las «taifas» surgidas en España estaban dirigidas en su administración por judíos. Por otro lado, y con el resentimiento de quien ha sido vencido por la traición y el engaño, y postergado por los invasores de su país, estaban los *mozárabes*, nombre que se aplica a los que se mantuvieron cristianos en *al-Ándalus*. Su «dimmitud» o protección comportaba también discriminación o diferencia con los musulmanes y su inferioridad social, lo que se expresaba en las capitulaciones (*suhl*) y en los más diversos aspectos de su vida: su régimen administrativo era peculiar y el fiscal más gravoso, pues pagaban los impuestos territorial y personal (*jaray, yizia*) de los que los musulmanes estaban en principio exentos. Los dimmíes no formaban parte de la comunidad política con plenos derechos, si bien es cierto que algunos judíos (y los nobles godos que habían pactado con Tariq o Musa) actuaron en la Administración califal, sobre todo en época omeya. Vivían en barrios propios, aunque no siempre, y las limitaciones fortísimas a las uniones mixtas señalaban también su condición marginal; se les tentaba con la conversión al Islam y la entrada en la *umma* con plena ciudadanía civil y religiosa, lo que les permitiría romper aquellas barreras y facilitar la fusión que acabaría con otras diferencias.

Esto mismo era aplicable también a los **esclavos** (*saqaliba*), especialmente numerosos en unas sociedades escasas en hombres, como fueron las del Islam clásico, y abiertas a tantas conquistas y corrientes comerciales exteriores. La conversión al Islam permitía al esclavo convertirse también en un hombre libre, pues ningún musulmán podía ser sujeto a servidumbre, aunque continuara siendo liberto o *cliente* de su antiguo dueño. Por aquella vía, antiguos esclavos pudieron medrar en los medios urbanos y en el ejército, e incluso alcanzar el poder, como sucedió con los *eslavones* (eslavos) en *al-Ándalus* durante el siglo XI (en que fueron reyezuelos de algunas «taifas») o con los mamelucos en Egipto; en este aspecto es preciso insistir para entender lo abigarrada y heterogénea que era la sociedad andalusí. Los *fata* (esclavos de origen europeo y luego libertos islamizados) fueron primero «clientes» (*mawla*, *mawali* en plural) de la dinastía amirí. La mayor parte de los esclavos eran de origen eslavo, turco o africano: hacia los africanos negros (*zany*) había una mayor segregación racial y social, aunque no hubiera exclusiones tan marcadas como en otros sistemas sociales.

Finalmente, no hay que olvidar un grupo que a veces era muy numeroso: los **cautivos**. Dice Sánchez Adalid, un estudioso metido a novelista (como Christian Jacq), que durante toda la Edad Media y gran parte de la Moderna, y en los amplios espacios que forman las orillas de todas las naciones o Estados bañados por el Mediterráneo, hubo muchas guerras entre musulmanes y cristianos, como ya explicó el belga maestro de historiadores Henri Pirenne (1862-1945). Esa situación se prolongaría hasta el siglo XV, en que los Reyes Católicos (y, luego, su nieto Carlos V) quisieron proseguir la empresa de la Reconquista en el mismo norte de África, origen de muchas invasiones sufridas por España. En aquellas batallas muchos moros quedaron cautivos de los españoles, y viceversa. De esa forma, el cautiverio se convirtió en un fenómeno social corriente en la Edad Media (y también en la Moderna): era una situación frecuente cuando finalizaba alguna de las numerosas guerras o campañas que se daban entre naciones con distinta religión y cultura, ya que ni las Iglesias cristianas ni la ley islámica admitían como normal el cautiverio o la esclavitud de «hermanos» de la misma religión, algo que estaba tan prohibido y condenado como la usura (el préstamo con interés que ahora practica cualquier banco); lo mismo ocurría si una nave era apresada por corsarios de la otra religión o cultura.

Ya desde la época de los griegos (que a su vez la recibieron de asiáticos y africanos) y a lo largo de muchos siglos, permaneció en las gentes la idea de que el cautivo pertenecía al captor: éste podía retenerlo a la espera de que se pagara un rescate por él o utilizarle en su beneficio usándole como mano de obra. En el siglo XVI, el cautiverio era una triste realidad que formó parte de la vida de muchas familias y de muchos pueblos y ciudades, tanto marineras como del interior. Incluso en tiempo o situación de victoria se apresaba a algunos de los enemigos victoriosos, como fue el conocido caso de Miguel de Cervantes, en cuyo *Quijote* contó el caso de un soldado español apresado en Lepanto. Una vez cautivo, se perdía la libertad y se iniciaba el estado de esclavitud: con arreglo al Derecho y usos de la época, el captor podía exigir un rescate por su prisionero a su familia o al señor feudal de éste, o bien mantener al cautivo a su servicio de por vida o hasta que su captor le hiciera la gracia de concederle la libertad, o bien venderle a tratantes que los revendían a buen precio en los mercados de esclavos. Esto último ahorraba al captor los gastos de manutención del cautivo y le producía ganancias más rápidamente que el rescate o el trabajo, por lo que se hizo lo más habitual.

La frecuente y dolorosa realidad del cautiverio en las edades Media y Moderna, y tanto en el mundo musulmán como en el mundo cristiano, propició la aparición de gentes especializadas en la negociación y rescate de cautivos. En el mundo musulmán, el tercer «pilar del Islam» u obligación fundamental de un musulmán es pagar la denominada *zakat* o limosna, que desde un principio fue la contribución dineraria a la *umma* o comunidad musulmana; establecida por Mahoma (y después por los Estados musulmanes) para los miembros acomodados de la comunidad, su finalidad era propiamente para ayudar a los pobres, pero también se utilizó para la redención de cautivos de guerra, así como para el auxilio de personas con grandes deudas y para la financiación de la *yihad* (la guerra por la causa del Islam o guerra santa): sólo cuando se ha entregado la *zakat* se considera legítimo y purificado el resto de las propiedades y fortuna de un musulmán.

Por su parte, los cristianos crearon Órdenes religiosas dedicadas a negociar y rescatar cautivos en tierra de moros; la más importante de las que se dieron en el mundo cristiano es la orden de los «*Mercedarios*», como vulgarmente se conoce a los miembros de la Orden de Santa María de la Merced (u Orden de la Merced), canónicamente erigida en 1218 y confirmada por el papa Gregorio IX en 1235. Tenía su origen en una asociación creada en 1203 por San Pedro Nolasco (1180-1249) con la ayuda de San Raimundo de Peñafort para ayudar a los cautivos cristianos a mantener su fe y lograr su liberación. El rey de Aragón Jaime I *el Conquistador* les otorgó el hospital barcelonés de Santa Eulalia y como escudo distintivo les concedió los blasones de la Casa Real de Aragón: los cuatro palos rojos que, equivocadamente, algunos llaman «barras de Aragón» y que en nuestros días son el escudo y la bandera de Cataluña. A partir del siglo XVIII cesaron su actividad con los cautivos de guerra y centraron su campo de actuación cristiana en las cárceles. Otra Orden religiosa dedicada al mismo menester era la de los «*Trinitarios*», bien conocida en la historia de la Literatura española porque fueron los frailes trinitarios los que lograron en Argel rescatar a Miguel de Cervantes.

El cautiverio fue una triste realidad sufrida por muchos españoles y algo que condicionó la vida de muchos otros. Por eso la sociedad cristiana ideó instituciones y fórmulas que remediasen aquella situación de grave desamparo, así como para preservar de la desesperación a sus miembros (pues había quien apostataba o renegaba de su fe para mantener la vida o para mejorar sus condiciones de vida). De ese modo, la Iglesia organizó la *Bula de Cruzada* y las predicaciones «de redención de cautivos» con el fin de allegar recursos para que también los pobres pudiesen ser rescatados y liberados; lo mismo hicieron los Estados: así, por ejemplo, en Castilla se instituyó el cargo de *alhaqueque,* al igual que el de *exea* en la Corona de Aragón, para recaudar dinero y marchar a tierra de moros a pagar las cantidades que éstos exigían. En España quedan todavía restos de aquellos pobres cautivos de los musulmanes: era costumbre que, al volver libres a España, llevasen sus cadenas a una iglesia como exvotos o señales de agradecimiento a Dios o a la Virgen. Así, en Toledo, el exterior de San Juan de los Reyes está lleno de grilletes y cadenas antiguos de los cautivos que allí los depositaron; lo mismo ocurría en el monasterio de Guadalupe: su Virgen era invocada desde antiguo como «Redentora de cautivos» y allí, además de los grilletes, se conservan unos interesantes códices conocidos como *Relatos de cautiverio*; algo similar acontecía en Barcelona en el hospital de Santa Eulalia y en algunos templos catalanes y castellanos dedicados a la Virgen de la Merced.

Por todo lo dicho sobre la sociedad andalusí y sus diferentes grupos, es lógico que en *al-Ándalus* surgieran **tensiones**

sociales, lógicas por las grandes diferencias que había entre coriechitas y el resto de los árabes, debido a la prepotencia de quienes formaban parte de la tribu del «Profeta»; entre árabes *qaysíes* y *yemeníes* por los vínculos de tribu y clan; entre árabes y beréberes, por el *Diwan* de Omar; entre *sunníes* y *shiíes* por la sucesión de Alí; entre los *jariyíes* y el resto de los musulmanes por defender la igualdad radical en todo el Islam y la pureza de la fe como único mérito para llegar a ser califa; y, en fin, la que había entre musulmanes y cristianos andalusíes o *mozárabes*. Por último, los esclavos y cautivos no contaban para nadie, y sus tensiones o descontento se referían más a sus sufrimientos o propia supervivencia que a planteamientos ideológicos y sociales.

En la sociedad andalusí, aristocrática pero comercial, además de los conocidos grupos de «nobleza» *(jassa)* y «notables» *(ayan)*, entre los **colectivos** más importantes de la plebe *(amma)* hay que mencionar a los mercaderes y financieros. Ambos grupos no participaban en el poder político, pero, más importantes aún que los funcionarios estatales, eran los notables de la sociedad urbana *(a'yan)* y a ellos se dirigió el Califa o rey taifa correspondiente más de una vez. Algunos de ellos formaron parte de la burocracia y del ejército que rodeaban al califa o al emir; y sus lazos profesionales y familiares hacían de ellos un grupo relativamente estable. La vinculación del mundo del comercio o la riqueza con el de la religión o la ley era muy frecuente. Como siempre, su poder e influencia se basaba en sus bienes materiales, en su dinero. Pero desde el siglo XI comenzaron a aparecer centros de estudios religiosos superiores o *madrazas* anejos a las mezquitas mayores; en ellos se institucionalizaron las funciones de aquella aristocracia intelectual, logrando así que los antiguos lazos de familia, sangre y etnia no fueran los únicos en crear colectividades sociales dentro de las ciudades. Por el contrario, y cada vez más, que la formación intelectual, los aspectos profesionales y económicos, y la relación con el poder y con

113

la religión fueron otros criterios o medios para diferenciar unos grupos o colectivos sociales de otros, y para hacerse con parcelas del poder en unas ciudades que concentraban a mucha gente en poco espacio.

Mentalidad social y tensiones en *al-Ándalus*

Una sociedad se estructura y subdivide con arreglo al poder o la fortuna que ostenten sus miembros, pero se rige siempre por unas pautas sociales que provienen de su religión o de su cultura tradicional. Esas pautas concretas las marcaban los imanes en sus mezquitas, los qadíes en sus tribunales y los faquíes en sus dictámenes o *fatwa*. Pero las gentes sencillas, el vulgo, siempre siguen, y siguieron entonces, las que marcaban las mujeres en sus hogares, que provenían de su educación en el hogar o en las escuelas coránicas, y de la práctica que implicaba la realidad de la vida cotidiana. En este sentido, las mujeres y la sociedad seguían los preceptos islámicos en sus devociones y fiestas religiosas, sus conmemoraciones familiares, sus actos colectivos, sus actividades individuales, sus usos alimenticios, etc. Lo cotidiano muestra siempre el contraste de los preceptos, valores e ideales teóricos con la práctica habitual de la vida diaria. Y esto es lo que exponían ciertos tratados andalusíes de «*censura de costumbres*»; M.ª Jesús Viguera recuerda el del sevillano Ibn Abdun, el del malagueño al-Saqati y el de Ibn al-Munasif, qadí en Murcia y Valencia a comienzos del siglo XIII. En ellos se lamentaban de que los comerciantes del zoco dejaban de asistir a la oración del viernes en la mezquita, de que lo mismo hacían los artesanos y obreros por trabajar para los nobles y poderosos (*hassa*), de que la función de «imán» era desempeñada por hombres poco instruidos, y de que muchas mujeres acudían a las mezquitas con poco recato y pudor.

Por otro lado, y al menos teóricamente según regía en la *umma*, la mentalidad social de la comunidad musulmana que habitaba *al-Ándalus* no debía basarse en lazos de sangre que establecieran diferencias entre aristócratas y pueblo común, como antes ocurría entre magnates o gardingos visigodos y sus clientes hispanos, sino en la **igualdad** entre todos los creyentes. Pero en la práctica no había igualdad entre los mismos invasores árabes y beréberes, y por ello no podía haberla tampoco entre los invasores y los habitantes hispano-visigodos conversos. Como se ha señalado antes, el registro de Omar (*diwan*) establecía claramente diferencias y prioridades en función del orden cronológico de su aceptación del Islam, de su vinculación con Mahoma y de la importancia del servicio prestado. Y eso puede explicar histórica y lógicamente las graves tensiones que, no sólo por soberbia, vanidad o prepotencia, sino también por lo que se refería al reparto de tierras, botines y cargos, surgieron entonces en *al-Ándalus* entre los miembros de la tribu coriechita y los de las demás tribus árabes; y en éstos últimos, entre los árabes *qaysíes* del norte de Arabia y los yemenitas *kalbíes* del sur; pero también las que surgían entre los árabes baladíes y los beréberes, que sólo se habían islamizado dos décadas antes. Como cultivadores de una ciencia social, es muy importante para los historiadores destacar el descontento de los muladíes o conversos hispanos hacia los clanes y tribus de etnia árabe, pues la prepotencia de éstos por el hecho de pertenecer al pueblo cuya lengua Dios eligió para proclamar su «revelación» (*Corán*) producía inquina y resentimiento entre los conversos y las diversas etnias que se iban agregando al Islam.

A esa actitud o **mentalidad de descontento** hay que sumar la carencia de perspectivas de mejora: a pesar de la doctrina islámica de la igualdad radical de todos los miembros de la comunidad islámica (*umma*), los primeros musulmanes árabes (*muhadyirum* y *ánsar*) recibían mejor botín que los demás y tenían mejores cargos en la administración y el ejército, y a la hora de repartir tierras se les entregaban las mejores. Y todo ello era legal y lógico para la tradición arábigo-islámica: así estaba fijado en el *Diwan* de Omar, donde la jerarquía de los musulmanes y, por lo tanto, la cantidad del botín que correspondía a cada uno, venía determinada por el orden cronológico de su aceptación del Islam y su vinculación con Mahoma. Y ese mismo desencanto surgió también en la Península Ibérica desde el principio, a poco de instaurar y organizar el Estado islámico *al-Ándalus*; por eso, los hispanovisigodos que se convirtieron al Islam (*muladíes*, «renegados») pasaron a ser *maulas* o *mawali* («clientes» de los nuevos señores árabes y beréberes), pero pronto se sintieron decepcionados, pues su situación no cambiaba ni mejoraba y tan sólo habían variado de señores y de religión: todo seguía igual... o peor.

También quedó dicho antes que las hostilidades de ciertas facciones islámicas, especialmente los *shiíes*, contra los Omeyas fueron habituales en el mundo musulmán durante sus noventa años de poder. Así, por ejemplo, cuando Muawiya I nombró sucesor a su hijo, Yazid I, hizo innecesaria la elección de un nuevo califa: su decisión irritó a quienes rechazaban una monarquía dinástica de Omeyas. Cada grupo o facción opinaba de forma diferente sobre quién debía dirigir la comunidad islámica: los *shiíes* creían que el califa debía ser un descendiente de Mahoma de la línea de Alí; los «ayudantes» (*ansar* de Medina) consideraban que su aportación al Islam no se había tenido en cuenta para la elección de los «califas *rashidun*» y que lo justo era designar a uno de sus miembros; los *mawali* o musulmanes no árabes eran conscientes de que, al concederse más importancia a la etnia que a la aceptación del Islam, quedaba cerrada para ellos la posibilidad de ascender socialmente.

Por eso el descontento que surgió tras la muerte de Muawiya I provocó seis décadas de desórdenes y de guerra civil: el levantamiento de Hussayn y los *shiíes* en Kufa en el año 680 pudo ser fácilmente sofocado, pero el asesinato de Husayn (nieto de Mahoma) conmocionó al mundo islámico y provocó una corriente de simpatía por los *shiíes*. Poco después, los descendientes de los «compañeros» mequíes y de los «ayudantes» medineses del «Profeta» se amotinaron en Medina y aumentó además la duda de los mequíes sobre la pureza de la fe de los Omeyas: éstos volvieron a tomar Medina y saquearon la ciudad durante tres días. Los ejércitos sirios sitiaron sin éxito La Meca, pero destruyeron la *Caaba*, el lugar más sagrado del Islam. Entonces Arabia volvió a quedar sumida en el caos cuando los antagonismos entre tribus, latentes desde los tiempos de Mahoma, resurgieron provocando una guerra. Las frecuentes rebeliones de los *mawali* sembraron la intranquilidad más allá de Arabia, a lo largo de los territorios islámicos... hasta que la llegada de los Abasíes y sus reformas en pro de mayor justicia e igualdad entre los miembros de la *umma* permitieron recuperar la ansiada paz. Todo ello apareció porque la expansión territorial del Islam de los Omeyas había extendido e intensificado los problemas sociales: el descontento de los *mawali* se incrementaba ante el número de ciudades militares y de población no árabe que se incorporaba al Islam. Al llegar el Islam a España, los nuevos conversos *muladíes* o *mawali* incrementaron más aún el problema, y las diferencias en el reparto de tierras y cargos en el recién conquistado al-Ándalus volvió odiosa la nueva situación a los ojos de muchos hispanovisigodos; y eso no sólo ocurrió con los mozárabes que se quedaron en los territorios musulmanes, sino que entre los mismos *muladíes* o conversos hispanos pronto aparecieron la decepción y el descontento.

Por eso hubo constantes **revueltas y motines en** *al-Ándalus* durante la ocupación árabe de España: además de la del muladí Bahlul ibn Marzuq en el norte, la del beréber Asbag ibn Wansus en Mérida, los mozárabes y muladíes de Toledo masacrados luego en la «jornada del foso» del año 797, la primera verdaderamente grave y preocupante fue la «revuelta del arrabal» del año 813 en Córdoba, la capital del emir omeya al-Hakan I, que fue violentamente ahogada en sangre; después se produjo en Córdoba una sublevación mozárabe en el 852, en la que murieron muchos de estos cristianos buscando voluntariamente el martirio. Más tarde estalló contra el califa Abderramán III la rebelión del muladí Omar ben-Hafsun, quien se hizo fuerte en su fortaleza malagueña de Bobastro desde el año 880 hasta el 917; por último, en 1009, estalló la revolución de Córdoba, la *fitna barbariyya* o guerra civil de los beréberes del *Mahdí* contra el califa Hixán II, sus gobernantes amiríes, sus clientes libertos *fata* y los guerreros zanatas: esta guerra fue tan grave que acabó con el califato, que ya sin vida prolongó su existencia durante veinte años más para desaparecer en 1031. Además, y al igual que entre los reinos feudales cristianos del norte, también surgieron rebeliones secesionistas en las «marcas» o regiones fronterizas andalusíes instigadas por los nobles, tanto de origen árabe como muladí.

Estas tensiones o motines fueron protagonizadas por musulmanes andalusíes. Pero el resentimiento y disgusto era muchísmo más grande en los **mozárabes**, los cristianos andalusíes que, además de perder su libertad y de sufrir la opresión que les impusieron los vencedores, se veían forzados a pagar un elevado impuesto por mantener el último resquicio de libertad: su religión cristiana. Aunque algún autor ha definido la *jyzia* como una «pequeña capitación», este impuesto resultaba tan elevado y abusivo para la mayoría de ellos que hubo cristianos y judíos que tuvieron que esclavizarse ellos mismos o sus familias para poder pagarlo, o convertirse y formar parte de la *umma* islámica. Al-Mawardi, jurista y teólogo del siglo XI, comentando uno de los *hadices* de Mahoma decía que el impuesto de capitación a los *dhimmíes* era un signo de desprecio por su incredulidad, y un signo de la benevolencia de los musulmanes que garantizaban la paz a esos *dhimmíes* en lugar de matarlos o esclavizarlos: la reacción esperada era la de sumisa gratitud. Pero no es menos cierto que en otros lugares hubo impuestos peores, como el *devshirme*, aplicado por los turcos a los pueblos europeos *dhimmíes* de los Balcanes: debían entregar uno de cada cinco niños cristianos al Sultán para trabajar en sus talleres o ser adiestrados como soldados *jenízaros*.

Al abuso económico había que añadir la indefensión jurídica: en la ley islámica, el testimonio de un *dhimmí* contra un musulmán no es válido. Este principio fue aplicado, de una forma u otra, en todo el mundo islámico antes del siglo XIX y todavía hoy día afecta a los procesos legales en muchos países islámicos; por el contrario, si un musulmán acusase a un cristiano de un delito capital, como intentar convertir a un musulmán, el testimonio del cristiano no sería válido y acabaría condenado a muerte. Recuérdese que, en el Islam, todo musulmán que se convierta al Cristianismo o al Judaísmo es castigado con la pena de muerte, y que un musulmán se puede casar con una mujer cristiana o judía, pero sus hijos son legalmente musulmanes; por el contrario, está prohibido a una musulmana que se case con un cristiano o judío. Esta desigualdad ante la ley hacía extremadamente vulnerables a los cristianos y judíos; pero también establecía como norma en la mentalidad islámica el que las declaraciones de los no-musulmanes sobre hechos de cualquier tipo fueran tomadas como sospechosas y mendaces. Todas estas normas muestran el verdadero contenido de la supuesta «tolerancia» musulmana.

En los siglos XI y XII las **persecuciones** almorávides y almohades eliminaron a la cristiandad de *al-Ándalus* mediante matanzas, conversiones forzosas y deportaciones al norte de África. Respecto a los judíos, en la Granada de 1066 toda la comunidad judía, compuesta por unas 3.000 personas, fue aniquilada después de un largo período en que el visir de la ciudad había sido un judío; los judíos eran sometidos a conversiones forzosas y luego a la entrega de sus hijos, porque su conversión al Islam parecía sospechosa. Por causa de estas persecuciones los intelectuales cristianos y judíos huyeron al norte de España y a Europa, y exiliados del Islam se llevaron al Occidente cristiano sus conocimientos. Para formarse una idea precisa de aquel período basta con acudir a las propias fuentes musulmanas; así, el historiador tunecino al-Malikí afirmaba que «*el cadí, Ahmad b. Talib,* [siglo IX] *obligó a los dhimmíes a llevar en los hombros un trozo de tela blanca que llevaba la imagen de un mono [para los judíos] y un cerdo [para los cristianos] y a clavar en sus puertas una tabla con el signo de un mono conforme a lo establecido en el Corán 5,65».*

Respecto a la **discriminación** que sufrían los mozárabes o cristianos de *al-Ándalus*, Brown afirmaba que *Mahoma nunca hizo distinciones sociales, raciales ni económicas entre sus seguidores.* Como doctrina teológica sobre el valor humano ante Dios, puede que sea cierto; pero en términos sociales y económicos no lo es: Mahoma aceptó el concubinato y lo practicó durante su matrimonio, pero no aceptó la poliandria; para Mahoma y sus seguidores islámicos, la mujer (incluso la musulmana) no tiene la misma categoría o valor que el hombre. Por otro lado, la esclavitud fue ampliamente practicada también desde los primeros días del Islam, con sentencias legales que regulaban su aplicación, y que vinculaban la institución de la esclavitud con la *yihad*; por lo tanto, también establecía diferencias entre humanos. Además, Mahoma instituyó lo que sería una constante causa de discriminación entre árabes y no-árabes: los árabes y Arabia tenían que ser musulmanes, y los no-árabes sólo podían recibir un trato de *dhimma*. El deseo de Mahoma en su lecho de muerte fue que «*no deben coexistir dos religiones en la Península de Arabia*». Esta política fue llevada a cabo en vida de Mahoma y luego sería sancionada con leyes que regulan la *yihad*; así, el famoso jurista *hannafita* Abu Yusuf (731-798) escribió: *El territorio árabe difiere del no-árabe en que* [en Arabia] *se combate a los árabes sólo para obligarlos a abrazar el Islam sin hacerles pagar la yizya: sólo es aceptable su conversión... La decisión respecto a los no-árabes es diferente, porque se les combate no sólo para convertirlos, sino también para obligarles a pagar la yizya si no se convertían; pero sólo el primero de estos objetivos se aplica a los árabes, porque ellos deben convertirse o ser ejecutados.*

Precisamente a causa de ese mandato de Mahoma, los radicales de nuestros días abominan la presencia de tropas extranjeras (actualmente, norteamericanas) en Arabia Saudita;

Naipaul sostiene en *Beyond Belief* que un árabo-centrismo fundamentalista impregna hoy a las sociedades islámicas: todos los lugares sagrados están en países arabófonos, sólo el árabe es la lengua sagrada, y muchas poblaciones islamizadas tienen la tendencia a inventarse antepasados árabes. Junto con esta prepotencia absurda, dice Naipaul que se da también, todavía hoy, un desprecio hacia la cultura indígena del país islamizado; la única excepción es Turquía: a pesar de ser islámica, es oficialmente laica y resalta más su remoto pasado helenístico que su reciente historia musulmana con objeto de eliminar los obstáculos que le puedan impedir ingresar en la Unión Europea. En el caso de *al-Ándalus*, ese desprecio hacia lo hispanovisigodo y cristiano se evidencia en las expresiones que usaban para referirse a los cristianos. Eva Lapiedra, profesora de lengua y cultura árabe en la Universidad de Alicante, ha escrito todo un libro para recoger las **denominaciones** y expresiones con las que los musulmanes andalusíes designaban a los cristianos, y ha propuesto esta clasificación de las mismas:

— denominaciones jurídicas: *dimmí*, «protegido»; *muáhid*, «el que está bajo pacto».

— denominaciones de extrañamiento: *ily*, «incivilizado», «salvaje»; *ayamí*, «bruto», «bárbaro», «que no habla bien el árabe». Los dos términos son despectivos, pero de tipo cultural.

— denominaciones religiosas: *ahl al-Kitab*, «gente del Libro», «gente con Escrituras»; *nasraní*, «nazareno», «cristiano». Ambos conceptos equivalían a «antimusulmanes».

— denominaciones bélico-teológicas: *káfir*, «infiel»; *musrik*, «asociador», «politeísta»; *aduw Allah*, «enemigo de Dios»; *ábid al-asnam*, «adorador de ídolos»; *ábid al sulbán*, «adorador de cruces»; *tágiya*, «tirano». Todas estas expresiones eran aún más hostiles y peyorativas que las anteriores.

— denominaciones geográficas: *rumí*, «romano», «cristiano», «romano-bizantino»; *ifranyí*, «franco», «catalán», «europeo», expresiones ambas más descriptivas.

De todos ellos, los dos más usados son *ily*, con significado de «bárbaro», «salvaje», «inculto», término que denota prepotencia con menosprecio cultural hacia lo inferior, y *rumí*, «romano-bizantino», que es más descriptivo y menos peyorativo. Las **fuentes** andalusíes o cercanas en las que Lapiedra encontró profusamente estos términos abarcan desde el *Kitab at-Taríj*, de Abd al-Malik ibn Habib, un alfaquí granadino del siglo IX al *Dikr bilad al-Ándalus*, de un oscuro compilador magrebí de los siglos XIV al XV, sin olvidar ni el *Tarij Iftitah al-Ándalus*, de Ibn al-Qutiyya («el hijo de la goda», pues su tatarabuela era una nieta de Vitiza que casó con un liberto del califa omeya de Damasco) y escrita en el siglo X, ni el *Ajbar Maymúa*, relatos probablemente escritos por un árabe del siglo X y que abarcan desde la conquista hasta Abderramán III.

En nuestros días hay autores que todavía hablan de la gran tolerancia de los musulmanes hacia los judíos y cristianos, y la comparan con la intransigencia que achacan a éstos respecto a aquéllos. Para apoyar su teoría toman un ejemplo histórico: los árabes no expulsaban de las ciudades que conquistaban a sus antiguos habitantes cristianos (recuérdese lo dicho antes respecto a los pactos *adh*, pero también la esclavitud y ejecución de los vencidos que se habían resistido), mientras que los hispanocristianos sí expulsaban a moros, moriscos y judíos de las que conquistaban. Pero nuevamente hay que señalar que esto es falso: el arabista británico L. P. Harvey, de la Universidad de Londres, recordaba en las I Jornadas de Cultura Islámica (Toledo, 1987) que la doctrina de los *fuqaha* (faquíes o doctores de la ley) islámicos sobre musulmanes que vivían en países no islámicos recoge lo establecido en la «definitiva fatua» de Abú-l-Walid ben Rusd: *El escapar del país de los infieles hacia tierras de creencia es un deber religioso ordenado hasta el día de la Resurrección* [hasta el fin del mundo]. *Los doctores han declarado unánimemente que, incluso el que abraza el islamismo estando en país de infieles, deberá abandonarlo inmediatamente para sustraerse a las leyes de los incrédulos y colocarse bajo el mandato del Islam. De aquí resulta que no puede ser permitido a ningún buen musulmán el permanecer en los países enemigos alegando motivos de comercio o cualquier otro.»*

La ciudad y sus barrios

Señala Fernando Aznar que **la vida musulmana fue esencialmente urbana** en contraposición a la hispanocristiana, que generalmente era rural debido a su sistema económico y social, influidos ambos por el feudalismo como forma de ocupación y defensa del territorio. Al producirse la invasión islámica del siglo XI, las ciudades hispanas se hallaban en decadencia a causa de la prolongada crisis del Imperio Romano en la época del «Bajo Imperio» y a la ruralización del período hispano-visigodo. En la época omeya, el emirato andalusí consolidó el poder islámico y fortaleció sus estructuras con los diversos repartos de tierras entre árabes y beréberes, así como entre los magnates visigodos que habían pactado y algunos sectores de los maulas muladíes. Las ciudades andalusíes, como en general las islámicas, carecían de proyectos y normas municipales, de forma que los vecinos podían construir sus casas y hogares según su voluntad; pero desde la independencia del emirato andalusí respecto al Califato abasí en el año 756, el desarrollo de aquellas ciudades fue tan espectacular que ninguna ciudad europea de la época podía compararse con la Córdoba omeya, ni en número de habitantes, ni en calidad de vida, ni en ornamentación, ni en cuanto a actividad cultural.

Durante los primeros siglos del Islam, en el mundo musulmán del **Oriente asiático** había surgido un importante auge urbano: después de siglos de estancamiento, muchas ciudades antiguas crecieron otra vez y otras nuevas vinieron a añadirse a ellas. El mundo árabe era un mundo comercial, de intercambio de mercancías y bienes, pero también de saberes e ideas, y las ciudades se hicieron centros de actividad económica, pero también cultural y política; a la vez, muchas ciudades eran nudos de comunicación dotadas de redes de caminos y de florecientes empresas caravaneras, y esa nueva vitalidad urbana se dejó sentir pronto en lo que había sido el antiguo Imperio bizantino. Las principales fundaciones ocurrieron en Mesopotamia: campamentos de los conquistadores árabes se convirtieron rápidamente en grandes ciudades como Basora, con 200.000 habitantes; Kufa, con 100.000, o Wasit; a su vez, Bagdad, fundada en el año 762 como nueva capital de los Abasíes, tendría en época de Harum al-Rashid nada menos que 2.000.000 de habitantes: heredera de Babilonia y de la persa Ctesifonte, en aquel momento Bagdad era el principal nudo de comunicaciones de todo el Oriente Próximo como correspondía a la capital del Califato. Sin embargo, la decadencia del califato provocó la suya propia, y se hundió al ser arrasada por los mongoles en 1258.

En el Occidente, aunque el desarrollo urbano en *al-Ánda-lus* tenía antecedentes mejores, también acabó con la decadencia de la época anterior: Córdoba llegó a alcanzar los 100.000 habitantes en su apogeo califal durante el siglo X, Sevilla los 80.000 cuando fue capital de los almohades en el XII y Granada los 50.000 en su época nazarí durante los siglos XIV y XV; ciertamente, no son cifras desmesuradas si se las compara con las de otras capitales islámicas, pero son muy grandes respecto a las de la Eruopa cristiana. Aunque la red urbana era ya bastante densa en la parte islámica de la Península, hubo nuevas fundaciones en zonas poco dotadas (Badajoz, Murcia), en otras que exigían mayor defensa (Calatayud, Tudela, Lérida, Medinaceli, Madrid) y en puntos costeros estratégicos (Gibraltar, Almería). Comparando esas ciudades con las actuales del mundo musulmán, podría pensarse que era un tipo de ciudad islámica con rasgos bien definidos; pero no era así, pues el plano desordenado de muchas ciudades muestra la falta de normas y reglamentaciones urbanas suficientes distintas de las aplicadas subjetivamente por algún cadí y algún *muhtasib*. A pesar de ello, la vida y la cultura islámica necesitan las ciudades para realizar su ideal socio-religioso: en ellas, el centro lo constituye la mezquita mayor, rodeada de zocos, bazares, alhóndigas, baños y talleres de productos de lujo; y lo mismo ocurre en los barrios periféricos, en torno a las demás mezquitas de la ciudad. El barrio del palacio y de los centros gubernativos (*majzén*) es otro centro de organización del plano, pero por necesidades defensivas muchas veces se encuentra en un extremo de la ciudad o fuera de ella, en forma de ciudadela o *alcazaba*.

Con arreglo a esto, se puede decir que la ciudad andalusí se caracterizó por estar **estructurada en núcleos** bien definidos:

• La medina (*al-Madina*), núcleo básico de la ciudad, estaba constituida por lugares emblemáticos de uso masivo, como eran el Palacio (*majzén*), la Mezquita mayor (*al-yami* o aljama), y el *Gran zoco* o mercado, con sus alcaicerías y bazares, las alhóndigas o almacenes, los baños y los talleres de oficios más importantes. Dentro de su recinto amurallado se hallaban los barrios (*harat*) más importantes.

• Los arrabales (*al-Rabad*), los barrios exteriores a la medina, se expandían a medida que la ciudad se iba agrandando; en ellos habitaba la plebe y los trabajadores más humildes.

• La alcazaba (*al-Qasaba*) o fortaleza era el espacio destinado a la defensa del territorio, por lo que estaba situado en lo más alto de la ciudad; con murallas propias, albergaba a la autoridad de la región y a la guarnición militar que defendía la ciudad y la zona.

• Los cementerios (*maqbaras*) se ubicaban fuera de las murallas exteriores, pero siempre cerca de las principales vías de entrada y salida de la ciudad.

• Las explanadas (*sa´rias*): situadas fuera de la ciudad, servían tanto para adiestramiento militar (*musallas*), como para fiestas religiosas (*musara*) o para esparcimiento del pueblo.

Con arreglo a esta estructura, las ciudades musulmanas estaban compuestas de barrios mayoritariamente islámicos, pero a menudo habitados por grupos de etnias u origen diferente, e incluso por gentes de otra religión, como era el barrio judío (*melláh*), muchas veces cerca del *majzén* por motivos de protección; parece ser que los judíos construían sus viviendas agrupando varias familias en casas construídas en torno a un patio común o «corrala», con acceso único para la mejor defensa del conjunto en caso de ataques o violencia. También había en las ciudades andalusíes muchos adarves (*al-darb*) o callejones ciegos, sin salida, que servían para aislar a sus moradores del bullicio de la ciudad. Esa falta de uniformidad vecinal y de organización urbana se extendía también a los arrabales, lo que favorecía la irregularidad del plano urbano; además, los dueños de viviendas tenían derecho preferente (*fina*) sobre el uso de espacios públicos colindantes, lo cual multiplicó el número de miradores con celosías (los *ajimeces* de origen egipcio), voladizos y pasadizos, e incluso el bloqueo de callejas sin salida (*darb*): en esa irregularidad del trazado viario sólo se respetaba el entorno de las mezquitas y algunas vías principales de circulación.

Por otro lado, y desde un punto de vista social y económico, las funciones artesanales y mercantiles caracterizaron a las ciudades musulmanas, contribuyendo a la complejidad de su estructura social; pero necesitaron una organización que llegó tardíamente entre los siglos IX y XI: los tratados de *hisba* suelen contener datos de esa organización y sus criterios, cuyo cumplimiento era función del almotacén (*muhtasib*), secundado por maestros cualificados de cada oficio (*amín, arif*), y en ellos se encuentran datos sobre calidades, precios y condiciones requeridas para la práctica de un oficio con taller abierto. Los artesanos andalusíes no formaban corporaciones o gremios autónomos, como ocurría entre los cristianos del norte, pero aquellas formas de control en manos de las autoridades exteriores les daban cierta cohesión por oficios; también era costumbre que los talleres y tiendas de cada oficio estuvieran en una

*Calle del barrio del Albaicín (Granada), donde se quedaron a vivir los árabes
tras la reconquista cristiana.*

misma calle o sector urbano, o de que tuvieran mercadillos
propios. Con esto no se pretendía fomentar la competencia
entre artesanos o fabricantes, sino controlar los sectores de
la producción manufacturera y del mercado urbano. Las
actividades artesanales más abundantes y de mayor especialización se desarrollaban en las ciudades, y en ellas se
difundieron y perfeccionaron numerosas técnicas de trabajo que acabaron siendo comunes a uno y otro lado de las
fronteras.

Pero una ciudad refleja a sus habitantes, a su sociedad,
en sus edificios. Al margen de las casas particulares, los edificios más representativos de la ciudad andalusí eran la
alcazaba, el Palacio, la Mezquita mayor y, si la tenía, la
madraza. Tanto la Mezquita mayor (*al-yami*) como el Palacio
eran los edificios más emblemáticos de la ciudad, pues
ambos reflejaban el poder y el refinamiento de una sociedad

127

las características de la alcazaba militar ya se habló en otro apartado; en cuanto al **Palacio**, era el reflejo del confort material, estética, eficacia, capacidad defensiva y administrativa del Estado andalusí. A su vez, la **Mezquita mayor** (*aljama*) reflejaba el arte y la belleza que se dedicaban al culto de ese Dios absoluto y soberano al que el musulmán «se sometía». Como ya se dijo, en casi todas las mezquitas el muro final o *qibla* se orientaba o se construía hacia Oriente, hacia La Meca, y en él se ponía el *mihrab,* un nicho adornado que contenía el Corán y hacia el cual dirigía la oración el imán de la mezquita. A la entrada había un *alminar* o minarete desde el que el almuédano convocaba a la oración cinco veces al día; el sector cubierto de la mezquita, llamado *liwan* o *haram* (sala de oración), se construía como una gran sala hipóstila perpendicular a la *qibla*, a veces con varias naves. La mayor mezquita de *al-Ándalus* fue la de Córdoba, ampliada varias veces y cuyo Patio de los Naranjos es universalmente conocido.

Otros edificios característicos del mundo islámico fueron las medersas o **madrazas**, destinadas a la enseñanza superior de ciencias religiosas y de jurisprudencia islámica; solían construirse alrededor de un patio, al que daban cuatro grandes salas o *iwanes*, y sobre el que se hallaban en el piso superior las habitaciones de los estudiantes (*talibánes*). Aún se conserva un sector de la madraza de Granada, pero las más espectaculares son las madrazas meriníes de Fez, en especial la Bu Inania. También de carácter religioso eran los numerosos **mausoleos** que había en *al-Ándalus*, en los que se enterraba a los reyes y los santones; en ellos se celebraban ciertas fiestas religiosas, a modo de romerías anuales: el *quba* era una pequeña construcción de planta cuadrada, cubierta generalmente con una sencilla cúpula. Entre los edificios públicos de uso más generalizado estaban también los **baños**, básicos para la higiene islámica y muy numerosos en *al-Ándalus*. Derivados de las clásicas termas romanas, se componían de varias estancias en las que la temperatura variaba de forma progresiva; para lograr esto, se distribuía bajo el suelo el agua caliente y el aire caldeado, que eran calentados en grandes calderas con fuego de leña. Pero la zona urbana más concurrida era el **zoco**, donde había múltiples tiendas de todo tipo, y en el que los hombres realizaban sus negocios y las mujeres se abastecían para sus hogares. A su vez, una **alhóndiga** (*al-funduq*, denominaba *fondac* en Europa) servía para almacenar productos y como posada para alojamiento de mercaderes y viajeros: este establecimiento, del que proviene la palabra «fonda», era la variante andalusí del *han* de caravanas turco o del *caravasar* egipcio, y de ellos aún se conserva como muestra el *Corral del Carbón* de Granada. Otros servicios comunes eran la canalización de aguas, los hornos públicos, y los albergues para pobres («hospedales» u «hospitales» en la España cristiana).

Tanto en los edificios privados o familiares como en los públicos, sobre todo, se daba una profusa **ornamentación** cuyo conjunto se suele llamar «*arte islámico*»; este término se refiere al arte y arquitectura propios de una civilización de enorme extensión geográfica, que no se limitaba sólo a una zona específica, sino que abarcaba áreas tan diversas como gran parte del África negra, el Magreb, Indonesia, el Golfo Pérsico y algunas zonas del Cáucaso, Europa, China o la India. La ornamentación es un aspecto que ha contribuido a la unificación o similitud en las diferentes manifestaciones del arte islámico. En los primeros tiempos del Islam había aparecido un arte rico y variado basado en la tradición clásica del arte bizantino, del persa y del de los pueblos orientales conquistados; sin embargo, la originalidad de las estructuras arquitectónicas y los motivos ornamentales posteriores producen un arte propio y típicamente musulmán dotado de unos mismos temas decorativos formados por lacerías, estrellas, figuras geométricas, etc. Es preciso destacar que el arte islámico huye de la representación figurativa de los seres humanos, cuyas figuras estaban rigurosamente prohibidas en las mezquitas y edificios religiosos para evitar cualquier forma de idolatría o de «asociación», aunque no lo estaba tanto en palacios y otros edificios.

Los temas decorativos se repiten tanto en la arquitectura como en las artes suntuarias, con independencia del material, escala o técnica empleada: la gran profusión de superficie decorada hace que las estructuras queden cubiertas en una forma que se conoce como *horror vacui* (miedo al vacío). Mediante la repetición de motivos geométricos y la sabia combinación de materiales y texturas, se lograba un efecto tridimensional que dotaba a los edificios de cierto misterio, como una evanescente intemporalidad. En esa decoración típicamente andalusí, la luz y el agua eran elementos indispensables para lograr ese efecto casi irreal. Tanto en los edificios como en los objetos decorativos, la caligrafía, los motivos de estrellas entrelazadas y de vegetales estilizados (los llamados *atauriques*), enmarañaban el espacio en una armoniosa interrelación. Esos mismos motivos también aparecían en los objetos domésticos, contrariando la creencia habitual de que la tradición musulmana los prohibía, aunque es cierto que desaconsejaba: por ello nunca hubo representaciones humanas o animales en los edificios religiosos. Otro de los elementos decorativos arquitectónicos más característicos de al-Ándalus son la *sebka* almohade, que imita un enjambre o una red, y los *mocárabes*, que separan determinados espacios y están configurados como alvéolos semi-esféricos o de prismas que se repiten y superponen formando un enjambre.

Finalmente, extendiendo la ornamentación urbana y arquitectónica a los utensilios suntuarios, entre las **artes decorativas** menores en *al-Ándalus* deben recordarse las arquetas y botes de marfil preciosamente tallados; los almireces, pebeteros y grifos de bronce; los objetos de madera tallada, así como los ataifores, lebrillos, jarras, jofainas y candiles de cerámica vidriada o de metal (principalmente, de cobre bruñido y brillante); las pilas de abluciones y las estelas o lápidas de mármol; la orfebrería en oro y los tejidos en seda bordada; también, los libros iluminados.

Zocos y tiendas

En cada ciudad existía un mercado (*suq*, zoco) principal, pero había muchos mercadillos y tiendas en cada uno de sus barrios. Dentro del denso y abigarrado trazado de la medina había una zona vecinal, destinada a las viviendas de las gentes, y otra zona pública, donde se ubicaban los grandes edificios representativos y los comercios y tiendas; en este segundo tipo de espacio público, y junto a la Mezquita mayor (*al-yami*), solía estar el Zoco grande (*suq al-Kebir*), pero también había un zoco en cada barrio. Por encima de cualquier otro punto de la ciudad, el **zoco** era el lugar social de encuentro, sobre todo masculino: en medio de un frenético deambular, los hombres compraban y vendían toda suerte de mercancías, cerraban tratos, organizaban negocios y preparaban el tráfico de sus recuas o caravanas comerciales; mientras, las mujeres se abastecían de comidas y enseres para sus hogares y charlaban sobre los acontecimientos cotidianos. Como lugar de encuentro social por excelencia, en el zoco también se hablaba, unas veces por el deseo de comunicarse con los demás, y otras por curiosidad y cotilleo; a veces, y como fruto de esas charlas y la indignación general hacia algún suceso, del zoco surgían verdaderas intrigas populares, muchas de las cuales terminaban en algaradas o revueltas multitudinarias.

Además de los habituales productos alimenticios, en el zoco había también múltiples **tiendas** de todo tipo: especialmente vistosas eran las tiendas de especias. Pero su zona más importante era la **alcaicería** (*qisaría*), recinto hermético en el que se vendían las mercancías más preciosas y caras; en España, aunque ha sido restaurada, aún se conserva la Alcaicería de Granada. Pero las tiendas abundaban en toda la ciudad: los artesanos de los oficios más variados solían establecer sus talleres y tiendas en alguna calle de la medina que llevaba el nombre del oficio que ejercían (en algunas ciudades de España, como Madrid, aún se conserva ese tipo de calles:

«Bordadores», «Cedaceros», «Arco de Cuchilleros», «Esparteros», etc.), pero lo mismo ocurría en el zoco, con lo que éste se subdividía en áreas especializadas en determinados productos. Tanto en el Zoco principal como en los mercadillos de los barrios, se podían hallar tiendas con las más variadas mercancías, desde especias y perfumes hasta hortalizas y frutas, pescados, carne, así como tejidos, orfebrería y cerámica. Una estricta serie de normas regían el comercio —algunas de ellas se encuentran en el completo *Tratado de hisba* de Ibn Abdún— y la actividad de tenderos y comerciantes, cuya honradez vigilaban severamente atentos el almotacén (*al-mutasib*) y el zabazoque (*sabih al-Suq*). En este sentido, el Estado andalusí estableció una sólida administración y un sistema judicial muy pormenorizado y complejo.

En una economía de tipo antiguo como la andalusí, ligada a la agricultura y la ganadería, era también muy importante el **mercado de ganado**, el *suq al-dawab* (Zocodover, en Toledo), donde los tratantes comerciaban y regateaban ensalzando o despreciando a los animales según hablasen con un comprador o con un vendedor de ganado. Este tipo de mercado requería instalaciones diferentes, pero no establos, pues las reses eran llevadas al mercado y tornaban a los rediles o establos de sus dueños al acabar el día de mercado. Mientras que el zoco era un mercado estable, en el que que compraba y vendía a diario, el mercado de ganado se celebraba una vez al mes o a la semana, según la importancia de la población y el volumen habitual de transacciones.

Las compras se efectuaban con **dinero** contante y sonante, acuñado en la ceca de Córdoba, aunque después se acuñaría también en otras ciudades durante la época de taifas: *dinares* (monedas de oro), *dirhems* (monedas de plata) y *feluses* (monedas de cobre) eran las monedas o medios corrientes de pago. Pero las monedas que más circulaban en *al-Ándalus* fueron los *dinares* de Toledo (de 1088 a 1111), los *mizcales* almorávides de Toledo (de 1112 a 1139), los *mizcales* almorávides acuñados en cecas de otras ciudades, sobre todo Almería (de 1139 a 1150), los *mizcales* de Baeza y los *saadis* murcianos (de 1152 a 1172). Comparativamente, para precisar algunos hechos conviene recordar que el término «ceca» proviene del árabe *sikka* (taller de acuñar monedas) y «dinero» viene de *dinar* (que, a su vez, proviene del «denario» romano), y que el *dinar* —la moneda de oro andalusí— fue la «moneda fuerte» de la época, como ahora lo son el *dólar* y el *euro*: los hispanocristianos no acuñarían moneda de oro hasta 1071 (el «mancuso» barcelonés) y los europeos hasta 1250.

Respecto a la influencia del Derecho islámico (*sharia*) en los negocios, especialmente en la compra y venta de mercaderías, debe tenerse en cuenta que los juristas, fuesen *faquíes* o *ulemas*, influían con sus **doctrinas y sentencias** (*fatwa*) en todos los aspectos de la vida diaria de las gentes. El sistema jurídico islámico de los primeros tiempos, muy primitivo y tribal, fue progresando a lo largo del tiempo; un exponente de esta evolución progresiva son las doctrinas que Malik ibn Anas expone en su *Al-mudawwanat al-kubrá*: *El musulmán no debe prohibir a su esclavo cristiano que beba vino, coma cerdo, venda o compre aquéllos o que vaya a su iglesia, pues todo eso pertenece a su religión. No podrá asociarse, sin embargo, el musulmán con el cristiano, salvo que le conceda mandato de vender algo, en cuyo caso la venta obligará al musulmán en su totalidad.* En el mismo sentido, al plantear un supuesto de contrato de «aparcería» (alquiler de tierras a un campesino, en el que el propietario recibe una parte del producto de esa tierra) de una viña, Malik no encontraba ningún inconveniente con tal de que el aparcero cristiano no hiciera vino con las uvas.

Recíprocamente, los cristianos mostraban hacia los musulmanes diversas actitudes, según la coyuntura del tiempo y lugar de las disposiciones. Así, cuando en 1115 la islámica Tudela se rindió a los cristianos, se estableció: *Si habuerit moro judicio cum christiano vel christiano cum moro, donet judicio alcadi de moros ad suo moro secundum suan Zunam, el alcadi de cristianos ad suum christianum secundum suum foro, et*

non faciat nullus christianus força ad aliquem moro sine manda-
mento de lure alçunna... («Si algún moro tiene un pleito con un
cristiano, o un cristiano con un moro, que el alcalde de los
moros dicte su sentencia a su moro según su *Sunna*, y el juez
de los cristianos a su cristiano según su fuero, y que ningún
cristiano haga fuerza a ningún moro, a menos que sea con el
mandamiento de su *Sunna*...»). Por el contrario, el III Concilio
de Letrán, celebrado contra los cátaros, los simoníacos y los
herejes, disponía: *No se permita a los judíos ni a los musulmanes*
tener en sus casas una criada cristiana, ni para que se ocupe de los
niños, ni para el servicio doméstico ni para ninguna otra razón.
Quienes se suponga que habitan con ellos, sean excomulgados.

En otro orden de cosas, Malik condenaba el préstamo de
dinero de un musulmán a un cristiano, y a la inversa: la
«usura» (préstamo con intereses) era condenada entonces
tanto por el Islam como por el Cristianismo, como dicta-
minó en 1139 el II Concilio de Letrán y diversos papas (Dz.
365, 394, 403, etc.). Es también interesante un capítulo de su
obra donde analiza pormenorizadamente los diversos
supuestos del comercio en tierra no sometida al Islam: ahí,
el imán de Medina formulaba toda una teoría de lo que esti-
maba materiales de interés militar, que en ningún caso
podían ser vendidos al enemigo para que éste no los vol-
viera contra los fieles (los musulmanes): caballos, armas,
arreos, sillas, metales, etc.

CAPÍTULO V

LA FAMILIA

Estructura familiar

La profesora Viguera Molíns señala que la familia andalusí, como la islámica en general, era **agnática**: predominaba la línea o estirpe del varón, con matrimonios entre miembros de una misma tribu o incluso del mismo clan o familia emparentados por línea masculina; pero también están documentados casos cognáticos, en los que predominaba la línea o estirpe femenina: es el caso de los nazaríes de Granada. Todo ello aumentaba la consanguinidad en los hogares, a la vez que favorecía el parentesco familiar amplio. Por otro lado, ese rasgo cultural de predominio masculino se reforzaba con la mentalidad y religión islámica, que admite la *poligamia* como una de sus características sociales; así aparece en la *sura* o azora 33 del *Corán*. Mahoma permitía hasta cuatro esposas legales por varón (sin fijar el número de concubinas), recogiendo también en las disposiciones coránicas el repudio de la mujer por el marido, lo que no implica que fuese una práctica habitual. A pesar de ello, la generalidad en *al-Ándalus* era la **familia nuclear** habitual, la compuesta por padre, madre e hijos del matrimonio; Viguera afirma que ésa fue lo habitual entre los siglos XI y XV.

Antes de eso, la familia nuclear o monógama también había sido lo habitual, salvo las excepciones iniciales:

cuando en el siglo VIII los musulmanes invadieron Hispania llegaron numerosos soldados, y sólo más tarde empezaron a llegar familias enteras (especialmente beréberes); como es lógico, imitaban lo que Mahoma había hecho en sus guerras en Arabia y lo que los musulmanes anteriores habían llevado a cabo en todos los lugares que conquistaban: matar a los hombres y esclavizar a niños y mujeres. Respecto a éstas, la conducta de aquellos conquistadores cayó en la prepotencia que les daba su dominio y abusaron de los conquistados tomando a sus mujeres como botín de guerra y anticipo del Paraíso prometido por Mahoma, donde los creyentes gozarían de numerosas *huríes* vírgenes. Además, como quiera que durante los primeros siglos fueron llegando a *al-Ándalus* numerosos contingentes militares asiáticos y africanos, se necesitaron mujeres para ellos; al no poder quitárselas a los muladíes, musulmanes como ellos, decidieron exigírselas a los cristianos. Éste fue el origen del famoso «*tributo de las 100 doncellas*», jóvenes vírgenes que cada año debían entregar los cristianos del norte a los andalusíes del sur a cambio de evitar que las tropas islámicas arrasasen sus tierras y los esclavizasen. La tradición española decía que aquel vergonzoso tributo fue pagado desde el principio hasta que el rey Ramiro I de Asturias se negó a mediados del siglo IX y venció a la expedición de castigo enviada por Abderramán II en la batalla de Clavijo, con la ayuda sobrenatural del Apóstol Sant-Yago: montado en un caballo blanco, abrió una gran brecha en las filas islámicas que cerraron las tropas cristianas penetrando por ella y desbaratando al enemigo. Eso originó la devoción a «Santiago matamoros» y la frase «¡*Santiago!, y cierra España*». En el siglo XX algunos pseudointelectuales inventores de la absurda idea de la «convivencia de las tres culturas», empezaron a negar «el tributo de las 100 doncellas» como algo legendario y falso a pesar de estar recogido en las fuentes de la época, pues se suponía que era demasiado cruel y generador de odios en una sociedad que «convivía pacíficamente».

Pero, nuevamente, la realidad supera a la imaginación, porque si bien el «tributo de las 100 doncellas» está poco documentado, más documentado (hasta el siglo XIX) se halla otro «tributo» similar: el *devshirme*, impuesto por los musulmanes turcos a los europeos *dhimmíes* de los Balcanes que conquistaron en el siglo XV, y que obligaba a entregar cada año a los turcos uno de cada cinco niños para ser educado en el Islam y adiestrado como *jenízaro* en el ejército otomano. Esta cruel costumbre del «tributo infantil» no terminó en el siglo XVII con la abolición formal del *devshirme*: todavía a mitad del XIX, el sultán otomano exigía que se entregaran anualmente miles de niños armenios entre ocho y quince años para ser llevados a trabajar en sus fábricas y talleres. Por eso el «tributo de las 100 doncellas» no fue una excepción andalusí: peor es lo que se hace ahora mismo en Sudán con los cristianos del sur. En España, aquella sangría de mujeres creaba entre los cristianos del norte la misma carencia que habían tenido los musulmanes; al finalizar aquel infame abuso, la población astur-leonesa creció tanto que empezó a repoblar las áreas vacías que abandonaban los acosados béreberes. Por otro lado, Viguera señala que había grandes diferencias sociales respecto a la familia: en el siglo XI, el geógrafo andalusí al-Bakri resaltaba el contraste entre la monogamia de los cristianos del norte con **la poligamia** de los potentados del sur andalusí, pues podían permitirse mantener varias mujeres y sus respectivos hijos. Sin embargo, las mujeres andalusíes gozaban de derechos propios y, a pesar de la ley musulmana que autorizaba hasta cuatro mujeres al hombre, en el contrato matrimonial solían imponer que su marido no se casara con ninguna otra. Así le ocurrió en el siglo XIII al rey murciano ibn-Hud: contaba al-Jatib que «*había prometido a su mujer que no tomaría otra esposa durante toda su vida, pero cuando alcanzó el poder le gustó una cristiana que le había correspondido entre los cautivos*» y se casó con ella.

Señala también esta autora que, para conocer la situación familiar andalusí, es preciso acudir a la arqueología y estudiar los restos de **las casas andalusíes**: la gran mayoría de sus plantas tiene alrededor de 150 m^2 de media, y se estima entre cuatro y seis personas el número de habitantes de cada una; una minoría rozaba (o superaba) los 200 m², y sus restos evidencian una familia polígama, con más habitantes (incluidos los criados y esclavos) y descendientes. Un habitante de Ronda en el siglo XIV tenía diez hijos, cifra que aparecía como excepcional; el rey sevillano al-Mutadid poseía 700 concubinas y sus 40 hijos se calificaban de «numerosa descendencia»: por su elevada posición social, los ricos y poderosos solían procrear hasta la edad de cuarenta y tantos años. Concluye diciendo que no había una baja tasa de natalidad, sino una alta tasa de defunción infantil; respecto al papel de la mujer, y aunque la prioridad social era del hombre, ellas tenían ciertas esferas propias (especialmente, el zoco y las tiendas) y una verdadera valoración social, aunque en el siglo XIV Ibn al-Jatib registrara como rareza el que las mujeres de Baza salieran a la calle sin velo.

La familia andalusí era un trasunto hispano de la familia islámica, que a su vez repetía las costumbres árabes e incluso el modelo de **familia del mismo Mahoma**. Es conocido que en la Península Arábiga, al igual que en los demás pueblos semitas, era habitual la poligamia; es también sabido que Mahoma se casó joven con la viuda Jadiya, casi veinte años mayor que él, pero a la que fue fiel sin tomar otra esposa mientras que ella vivió. Tras su muerte en 620, Mahoma tomó como esposa a su discípula Sauda ben Zama para que cuidase su maltrecho hogar, sus hijitas y a él mismo; tras su *hégira* a Medina se casó con *Aixa*, la hija de Abú Bekr, que contaba entonces con nueve años de edad: muchas veces Mahoma la acompañaba en sus juegos aún infantiles, en los que tomaban parte también sus hijas, y a partir de su temprana pubertad, la hizo su favorita sin que a nadie, ni entonces ni hoy, se le ocurriera acusarle de pederastia. Después, y con sólo una excepción, Mahoma utilizó el matrimonio como un medio para sellar alianzas y ganar apoyos.

Lo que Mahoma dijo **sobre las mujeres**, recogido en el *Corán* y los *hadices*, pasó a la cultura islámica, y por tanto a la andalusí. Así, ante las murmuraciones que suscitaba la conducta de su esposa Aixa, el «Profeta» estableció que para condenar a una mujer por adulterio se precisaba el testimonio de cuatro personas: *¡Creyentes! Quienes trajeron la calumnia son una manada entre vosotros. No creáis que la calumnia constituye un mal para vosotros: os es un bien.* [...] *Cuando oísteis la calumnia, ¿los creyentes y las creyentes no pensaron para sí bien y dijeron: «Esto es una calumnia manifiesta»? ¿Acaso han traído, para dar fe de ello, cuatro testimonios? No han traído los testimonios; pues ellos, ante Dios, son embusteros.* (Corán, 24, 11-13). Y en otro pasaje, relativo a la profunda excitación que le produjo la desnudez de su nuera Zaynab (luego su esposa) al entrar en su habitación, se dan unas interesantes y muy reveladoras disposiciones relativas a las mujeres: *¡Oh, los que creéis! No entréis en casas distintas de la vuestra hasta que os concedan permiso y hayáis saludado a sus moradores. Eso es mejor para vosotros.* [...] *Di a los creyentes que lleven los ojos bajos y usen continencia. Eso será más conveniente para ellos* [...] *Di a las creyentes que bajen sus ojos, oculten sus partes y no muestren sus adornos más que en lo que se ve. ¡Cubran su seno con el velo! No muestren sus adornos más que a sus esposos, o a sus hijos, o a los hijos de sus esposos, o a sus hermanos, o a los hijos de sus hermanos, o a los hijos de sus hermanas, o a sus mujeres, o a los esclavos que posean, o a los varones, de entre los hombres, que carezcan de instinto, o a las criaturas que desconocen las vergüenzas de las mujeres; éstas no meneen sus pies de manera que enseñen lo que ocultan entre sus adornos.* (Corán, 24, 27-31). El *burka* afgano, o el *hiyab* marroquí que vemos también en Europa, tienen este origen; y las «*tapadas*» perduraron en Andalucía durante siglos. Esto explica una característica social y cultural de toda familia islámica: las mujeres no debían aparecer a la vista de los demás si no era imprescindible (en mercados, baños separados, galerías superiores en las mezquitas, etc.), y las casas tenían una zona privada reservada para ellas.

Por último, es preciso recordar que el entramado íntimo de la familia andalusí presentaba una fuerte cohesión social; jurídicamente, la familia se regía por el Derecho según la interpretación *malikí*; pero conviene no olvidar que esta escuela estaba influida desde sus orígenes por normas procedentes del

Derecho romano. Por eso, como ya se ha dicho antes, la poligamia estaba arraigada entre la realeza y la clase noble, pero los notables y la masa eran mayoritariamente monógamos. La prole solía ser abundante, aunque durante la infancia resultaba diezmada por dolencias y epidemias que elevaban la tasa de mortalidad infantil. Los niños eran bien cuidados, si bien los reyes, la nobleza y algunos notables utilizaban nodrizas. Las bodas se celebraban con la solemnidad y festejos que podían los contrayentes, y no faltaban convites, danzas, música y desfiles callejeros durante varios días. A pesar de todo, la **situación de la mujer** era mejor en *al-Ándalus* que en los reinos del norte de África, aunque Averroes criticase duramente y con agudeza la condición social de la mujer musulmana andaluza. Muchas mujeres destacaron en la vida religiosa y mística, otras en la literatura y es curioso el número relativamente alto de mujeres libres que escribieron poesía, a veces con una libertad poética inimaginable al tratar temas eróticos. También intervinieron en los asuntos políticos, como fue el caso de Aurora (*Subh*), la esposa de al-Hakam II y probable amante de Almanzor; la conversa doña Isabel de Solís (*Zoraya*), esposa de Muley Hacen; el de Fátima, la madre de Boabdil, y tantas otras.

La casa: organización y distribución

Las casas en *al-Ándalus* seguían **el modelo de casa romana** que se construía en Hispania desde siglos, como en el resto de Europa: era una edificación generalmente cuadrangular, cuyas estancias no tenían ventanas a la calle, sino que estaban abiertas a un patio interior columnado del que recibían ventilación y luz. Algunas tenían otro patio trasero, más amplio y ajardinado, que servía de expansión y solaz. Sin embargo, la invasión y conquista árabe trajo consigo también los modelos de casas y hogares allí existentes; sobre todo, el ejemplo del «Profeta»: su casa en Medina había sido construida por él mismo con la ayuda de sus discípulos más cercanos, y sirvió de vivienda y mezquita a la vez. Había sido un edificio rudimentario de piedra y adobe, dotado de unas cuantas habitaciones para sus moradores, las correspondientes cuadras, un cobertizo para resistir el sol y un amplio patio interior; todo ello estaba rodeado por un muro o tapia de casi tres metros de altura.

Según Rondinson, la distribución de **la casa de Mahoma** debió tener, en el lado norte y paralela a la tapia, una hilera de troncos de palmera que sostenía un techo de ramas con arcilla, sirviendo de pórtico para que los fieles se cobijasen del ardiente sol durante la oración en común. En el lado este se construyeron dos habitáculos para cada una de las dos mujeres que entonces tenía Mahoma, la viuda Sauda y la jovencísima Aixa, y sendos cortinajes tapaban la entrada de cada uno de ellos. Mahoma no tenía habitación propia y se alojaba alternativamente en las de sus esposas; luego se amplió el número de aposentos conforme fue adquiriendo esposas. Lógicamente, esta construcción se debía complementar con algún habitáculo para hospedar a amigos o peregrinos, otro que sirviera de despensa (no de cocina, pues cada esposa debía tener la suya propia en su respectivo habitáculo), otro para excusado y lugar de aseo, y quizás otro para almacén de mercancías, enseres y útiles necesarios. En algún rincón adecuado para ello debía haber pesebres para estabular a los animales de transporte y carga, o al ganado que tuviera. Según la costumbre árabe de la época, Mahoma estaría la mayor parte del día en el patio: en él recibiría a sus visitantes y allí también trataría sus negocios; sobre todo, en aquel patio se oraba en común, y Mahoma dirigía las oraciones de los fieles y predicaba su doctrina.

Las **casas andalusíes** con patio, que aún hoy pueden verse en Andalucía, reciben todavía el erróneo nombre de «*casas árabes*», pero sólo reproducían el modelo romano que los musulmanes encontraban en los países mediterráneos que conquistaron. Tras la puerta de entrada, que por la noche se atrancaba desde dentro o se cerraba al salir con una llave de madera o metal, había un *zaguán* o vestíbulo distribuidor por el que se pasaba al **establo** (y a la cocina, así como el acceso al

141

patio interior; la puerta de entrada estaba dispuesta de forma que el interior de la casa no pudiera verse desde la calle: así se mantenía la intimidad del hogar a ojos indiscretos. En el pequeño **patio** interior había algunos *poyos* para sentarse, o quizás alguna esquina con un largo banco de mampostería en forma de «L» para servir de solana en tiempo fresco y de refugio del sol en tiempo veraniego. En él se hacía un depósito para agua (*aljibe*) o al menos un pozo, y un pilón o abrevadero para las bestias. También por el patio se entraba en la **letrina** o retrete (*necessaria*). Asimismo, a él daban y se abrían las **habitaciones** de la casa, normalmente dos, que servían de dormitorios y de sala de estar o *harén* para las mujeres. En ninguna casa faltaba un arcón para guardar el escaso ajuar de la familia.

Como en todas las casas del mundo, la **cocina** centraba la vida del hogar, por lo que a menudo servía de sala de estar. En las cocinas andalusíes solía haber *alacenas* para guardar vasos, vasijas y platos, pero no había «hogar» o fuego bajo en el que el humo escapara por una chimenea (como ocurría en el norte cristiano y en Europa), sino que la mujer andalusí cocinaba en lo alto de una encimera de obra, de mampostería o ladrillo, con brasas puestas en un hornillo (*anafre*) de barro o de metal, por lo que carecía de chimenea y cualquier humo u olor salía por la puerta hacia el patio o la calle. Junto a la puerta de entrada y de la cocina había una cantarera (mesita horadada, en cuyos agujeros se ponían cántaras con el agua necesaria para comida y aseo). Los **suelos** de las viviendas humildes y rústicas eran de tierra, y se dotaban de esteras (o alfombras, en las casas de los más pudientes), y en ellos se ponían mesas bajas para comer (los pobres lo hacían en la cocina) y lebrillos o palanganas de cerámica vidriada, tanto para lavar como para asearse con el agua de una *jofaina* de loza. Cuando apretaba el frío, los ricos y pudientes tenían un complicado sistema de **calefacción radial** (haciendo circular aire o agua calientes por debajo del suelo), mientras que los pobres se limitaban al tradicional brasero; por el contrario, cuando atacaba el calor se acudía al riego del patio y de los suelos arcillosos de la casa, haciéndose un uso frecuente del abanico.

La realeza y la nobleza vivían en sus alcázares y palacetes, y se solazaban en sus fincas de recreo (*al-munia*). Pero los notables (*ayán*) y la masa habitaban en esas casas de tipo mediterráneo, generalmente muy reducidas, y se solazaban los días de fiesta en las explanadas. En las casas de ricos y notables solía haber **dos pisos**, situándose abajo las habitaciones de los criados y arriba las de los dueños, recorridas por una galería porticada en torno al patio; pero lo habitual era usar la planta alta en invierno y la baja en verano; era frecuente en estas casas el uso de miradores en voladizo (*ajimeces*), con celosías para guardar la intimidad familiar. La **sala principal**, situada en el piso alto, servía para estar y para recibir visitas; podía tener además un *estaribel* (bancada o escaño) con cojines; y a sus extremos se abrían dos alcobas pequeñas en las cuales se colocaba una tarima con cojines sobre la cual se dormía. Las casas de los judíos ricos seguían este mismo sistema, pero los judíos pobres solían vivir en viviendas de un piso o dos, con un patio común para todos y una única puerta que defendían los miembros de las distintas familias que vivían en ellas: las *corralas* eran viviendas típicamente judías en *al-Ándalus*. Los **suelos** de la casa eran habitualmente del mismo barro que la calle, o de argamasa; en las habitaciones y dormitorios se solía dar de llana para alisarlos y evitar abombamientos, y a veces se cubrían con almagre.

Aunque las viviendas eran austeras y sobrias desde el exterior, podían ser muy lujosas en su interior, pero siempre eran un refugio privado, con paz y confort muy por encima de lo habitual en otros lugares de Europa. El mobiliario solía ser sencillo: apenas unos arcones para la ropa y vestidos, una mesa baja de taracea para comer, y algunos altillos y hornacinas en los que depositar un libro o algún adorno de marfil; en todas las habitaciones y en el patio había un hueco, o un gancho, para *candiles* de aceite destinados a alumbrar por la noche. De dar calidez a las habitaciones se encargaban las esteras y alfombras, generalmente de tupida lana, unos mullidos almohadones de seda o lana bordada y varios braseros para el tiempo frío. Sin embargo, los accesos raramente tenían puertas de madera, siendo más bien cortinas de tejido o esparto, salvo la puerta de la entrada. En relación con la letrina o aseo particular de cada casa, estaba el **alcantarillado** para las aguas fecales y residuales, la **conducción de agua** potable para el abastecimiento popular en fuentes públicas, así como lámparas para el **alumbrado** de las calles: todo ello se encuadraba en una red perfectamente organizada, lo que ciertamente era un gran avance en los siglos IX y X.

La vida privada y familiar se organizaba en estas casas hacia el interior, alrededor de la propia familia (mayoritariamente monógama, a pesar del *Corán*), cuyas mujeres organizaban en torno a su barrio su vida social y de relación a través del *zoco* y del *hamman* de la zona, pues normalmente apenas se prestaba atención a las áreas de uso público compartido —calles, plazas— ni a los grandes espacios públicos (mezquita, palacio, zoco grande, etc.), pues las ciudades andalusíes estaban fragmentadas en barrios y zonas poco interrelacionadas entre sí, a veces incluso con murallas propias.

Guillermo Roselló analizó la vida cotidiana andalusí a través del **ajuar doméstico** de sus casas, según los restos arqueológicos de aquella época y las fuentes iconográficas y textuales existentes hasta el momento. Afirmaba que el ajuar doméstico andalusí, similar al de un hispanocristiano de la época, «*se componía básicamente de objetos empleados para uso público y personal, así como para la defensa personal*», y tenía objetos dedicados al trabajo, la iluminación o el almacenamiento; sin embargo, señala que es en las cocinas donde se puede *obtener una gran información sobre la vida cotidiana andalusí, ya que las familias utilizaban muchos utensilios para el aderezo y la decoración de platos*. Además, indicó, «*en la cocina podemos encontrar vasijas de agua, contenedores de alimentos, morteros, ralladores o moldes, entre otros objetos*». Respecto al ajuar de uso personal, que divide en elementos de higiene y tocador, indumentaria, joyería y complementos domésticos (telas, tapices, etc.), recalcó que la mayor parte de la información que existe hasta la fecha se contiene en los textos y la iconografía, pues son muy escasos los tejidos que han llegado hasta nuestros días, al igual que las joyas y otros adornos. Sin embargo, enfatiza que es para todos evidente que «*los restos sobre las instalaciones sanitarias y el uso que hacían los andalusíes de los baños, como por ejemplo el fabuloso complejo de Madina al-Zahara, muestran que había más preocupación por la higiene en el mundo musulmán que en el cristiano*».

La comida: dietas, alimentos, condimentos, etc.

Los platos y tipo de alimentación que configuran la comida andalusí son, inequívocamente, los pertenecientes a la llamada «*dieta mediterránea*». Entre sus alimentos se destacan los vegetales y las legumbres: la huerta florecía en aquel tiempo como nunca antes lo había hecho, llenándose de nuevas **hortalizas** como la berenjena, la alcachofa, la endibia, el espárrago..., y nuevas **frutas** como la granada, el melón, la cidra y los albaricoques. Sus flores rezumaban fragancia y color, y crecían en extensión y uso: el alhelí, la rosa, la madreselva y el jazmín. Las **acequias** corrían henchidas y las norias chirriaban cargadas de agua clara para regar plantaciones y huertas; se mejoró la técnica de los injertos y se crearon «jardines botánicos» con fines medicinales junto a los hospitales de las *madrazas*. En la cocina, la refinada mujer andalusí se mostraba diligente y esmerada preparando riquísimos platos de carne, como las albóndigas sazonadas con comino, las gachas de carne y sémola o las berenjenas rellenas de carne; o de pasta, como el alcuzcuz (*al-kuskús*), una pasta de harina y miel, reducida a granitos redondos y cocida al vapor, que los árabes de los países norteafricanos guisan de diversas maneras; o sabrosos pescados, como las empanadas de guisantes y merluza o el pescado al cilantro verde; o los exquisitos postres, como alfajores y pestiños.

La base de la alimentación andalusí estaba formada por el **trigo**: pan, fideos y guisos de harinas, como la *harisa* y el *cuscús*. También empleaban el arroz, incluido el cocido con leche, y las legumbres, hortalizas y verduras, y como grasa usaban el aceite de oliva casi exclusivamente. De las carnes, las preferidas eran la de carnero y cabrito, y a veces el pollo u otras aves; entre los pescados, la palometa, el mújol, el sábalo y la sardina; en todos ellos utilizaban especias y condimentos, y solían ser generosos en su uso. Las **frutas** se servían como primer plato y como postre, papel este último reservado también para los abundantes **dulces** que han llegado hasta hoy, como los alfeñiques, buñuelos, jaleas, pestiños, torrijas, etc. Fundamentalmente, bebían agua, aunque tampoco prescindían del vino, como se vió anteriormente; en verano gustaban del «agua de cebada», que en algunos lugares aún se consume.

Esta dieta mediterránea, en cuya composición es fundamental el **aceite de oliva**, es hoy de gran interés por sus beneficios para la salud, pues destruye el colesterol nocivo para las arterias; aunque ese interés se ha desarrollado desde hace pocas décadas, lo que resulta llamativo es que hace miles de años aparecía en las leyendas mitológicas griegas. Según una de ellas, Palas Atenea inventó el olivo como ofrenda a la ciudad de Atenas y para ganarse así el favor de sus ciudadanos: por ese regalo pusieron su nombre a su ciudad y la declararon su diosa protectora. Los demás dioses premiaron a Atenea, porque su regalo fue un árbol capaz de vivir cientos de años y de dar frutos comestibles: de él podía extraerse como jugo el aceite de oliva, apto para condimentar las comidas, para el cuidado del cuerpo, para la curación de las heridas y enfermedades y como fuente de luz en sus viviendas; la leyenda muestra el carácter saludable del aceite de oliva y se adelantaba cientos de años al interés actual por él. Pero eso mismo aparecía en escritos de los **médicos califales** de Córdoba, que reiteradamente exponían los beneficios del aceite de oliva. Ese interés por una sana nutrición no debe sorprender, pues continuaba con la tradición recogida de Galeno: recuérdese lo dicho sobre el viaje a Córdoba del leonés Sancho *el Craso*. En aquella Córdoba de hace mil años, que mantenía la tradicional dieta de los pueblos mediterráneos, el aceite de oliva era un producto fundamental y los fritos un plato habitual. Bajo la influencia de Roma, la producción de aceite de oliva había estado destinada a su exportación para consumo por las clases pudientes, siendo un artículo de lujo esencial en la economía de la Bética; después, su utilización decayó durante la época visigótica, pero durante el dominio árabe su consumo se impulsó y popularizó entre el pueblo llano.

Este hecho tuvo una importante repercusión económica en el *al-Ándalus*, ya que la cultura del olivo fue uno de los ejes de la llamada «revolución verde» andalusí: era imprescindible en las sofisticadas recetas andalusíes, ya que el aceite de oliva entraba en el 90 por ciento de ellas como un ingrediente esencial para preparar distintos platos y postres. Por ello, es lógico que tuviera protagonismo en las obras de los sabios médicos de la época: Abulcasis (siglo X), eminente cirujano nacido en Medina Azahara, incluyó al aceite de oliva entre los medicamentos de origen vegetal, escribiendo: «*Los mejores aceites son aquéllos que tienen un aroma, un perfume y un gusto agradable y están exentos de acritud y acidez*». Y Averroes, en su *Tratado universal de la medicina*, se unía a las palabras de Abulcasis sobre sus virtudes nutricionales: «*Cuando el aceite procede de aceitunas maduras y sanas, y sus propiedades no han sido alteradas artificialmente, puede ser asimilado perfectamente por la constitución humana*». Abulcasis recogió la existencia de muchos aceites esenciales con un sinfín de virtudes, casi todos elaborados con aceite de oliva; de manera que para él «aceite» era sinónimo de «medicamento». Como tal se utilizaron, además, las ramas del olivo, sus flores, sus hojas y sus cenizas, siguiendo tradiciones latinas o griegas, y así ha seguido durante milenios en la cultura mediterránea. También Maimónides dejó una sabia sentencia: «*El médico sabio no cura con medicamentos mientras pueda hacerlo con una dieta adecuada*». Y hace más de dos mil años, Platón pretendía enseñar el consumo de aceite de oliva para alcanzar la mejor alimentación posible: «*De esta manera, llenos de gozo y salud, llegarán a una avanzada edad y dejarán a sus hijos herederos de una vida semejante*».

Al margen de los olivares y sus almazaras, la cocina andalusí se nutría de los **productos** de sus feraces huertas, entre los que, además de los mencionados antes, destacaban la caña de azúcar, la platanera, los almendros, las higueras e incluso las palmeras datileras. En sus huertos, que en aquellos tiempos eran sinónimo de «jardín» puesto que, junto a las hortalizas, también cultivaban las olorosas hierbas aromáticas que sirven de condimento a las comidas, cultivaban alcachofas, calabazas, zanahorias, rábanos, acelgas, espárragos, puerros, espinacas y membrillos. Los beréberes trajeron la tagarnina (evidentemente suya, por el prefijo *ta-*), y pusieron de moda la berenjena, cantada por Ben Zará en tiempos del rey al-Mutamid, como lo sería luego por Baltasar del Alcázar. Además, y tanto para gastronomía como para medicina naturista, tomaban la confitura y el jarabe de la pulpa del cidro o pomelo, y usaban su vinagre para cuajar la leche. Además de la dieta de vegetales, predominante la mayoría de los días, los andalusíes comían **carne** de cordero, especialmente en sus fiestas, y de vacuno; respecto a la carne de cerdo, prohibida en la religión islámica, así como el vino, ya se ha dicho que su consumo era frecuente y habitual en *al-Ándalus*, y no sólo entre los cristianos mozárabes que allí vivían.

Quizás lo más importante de la cocina árabe es la riqueza y abundancia de sus **especias**; hasta la llegada de Colón a América en 1492 y la de los portugueses a Calcuta en 1498, los árabes fueron durante siglos los intermediarios entre las especias de Oriente y los consumidores de Occidente; por ello, también fueron sus consumidores preferentes: Sevilla se incorporó a la ruta europea de las especias (Bizancio-Venecia-Sevilla-Lisboa), y aun hoy las especias ensalzan los platos y gastronomía de Andalucía. Como es sabido, el término *«especias»* designa ciertos elementos aromatizantes de origen vegetal y se aplica a las partes duras (semillas y cortezas) de las plantas aromáticas nativas de las regiones tropicales de Asia y en las Molucas (Indonesia), entonces llamadas «islas de las Especierías». También reciben erróneamente el nombre de «especias» numerosas *hierbas*, que en realidad son las hojas fragantes de plantas herbáceas, muchas de ellas nativas en regiones templadas. Con pocas excepciones, especias y hierbas aromáticas son utilizadas en la actualidad, pero se usaban ya en épocas muy remotas, por lo que el comercio de especias con Oriente surgió mucho antes de la era cristiana y se supone que fueron descubiertas antes de las civilizaciones más antiguas. La inmensa variedad de aromas que desprenden especias y hierbas se producen en casi todas las partes de las plantas, desde las flores hasta las hojas y raíces.

El aseo y cuidado del cuerpo

Los **baños** (*hamman*) constituyen otra de las principales características de la vida cotidiana en *al-Ándalus* y todavía hoy se conservan los edificios que aquellas generaciones utilizaron para este menester, que no sólo se destinaban al aseo y cuidado del cuerpo, sino también al encuentro, la relajación, el ocio y la charla. Los baños eran un servicio básico para la higiene que pedía el Islam y fueron muy numerosos en *al-Ándalus*. Se derivaban de las termas romanas clásicas y estaban compuestos de varias estancias en las que la temperatura variaba de forma progresiva; para lograr esto se distribuían bajo el suelo tanto el aire caldeado como el agua caliente, que era calentados por grandes calderas con fuego de leña. Los andalusíes se distinguían por su limpieza, hasta el punto de que antes sacrificaban la comida que el jabón. Aparte del uso de los numerosos baños públicos, en las casas particulares nunca faltaba la jofaina o *zafa*.

Las edificaciones del *hamman* se componían de un «vestíbulo» (*bait al-mashlah*), donde el encargado del baño recibía a los clientes; una «sala fría» (*bait al-barid*) en la que depositaban sus ropas y recibían toallas y zuecos de madera, y en la que podían recibir masajes antes y después del baño; una «sala templada» (*bait al-wastani*), donde el calor y la concentración de vapor abrían los poros de la piel y dejaban sus impurezas al descubierto y una «sala caliente» (*bait al-sajen*) en la que rociaban el cuerpo con el agua que extraían de pilas servidas por calderas calentadas con fuego de leña. En estas dos últimas salas había una bañera o piscina pequeña con agua templada o caliente, respectivamente; pero las tres salas estaban cubiertas por un techo curvado en forma de bóvedas horadadas por lucernas con formas geométricas, las cuales proporcionaban luz y creaban un ambiente tenue y acogedor, y que se abrían y cerraban para regular el vapor de las salas. Por último, el edificio se completaba con una «zona de servicio»: situada a un nivel inferior y con entrada independiente, contenía la caldera y la leñera.

Los baños islámicos eran herederos de las termas romanas y, como ellas, estaban compartimentados en una serie de estancias en las que la temperatura variaba de forma progresiva; las diferentes temperaturas se conseguían mediante una conducción subterránea de aire calentado por grandes calderas de leña. Con frecuencia los baños se abastecían del agua de los *aljibes* (depósitos de agua para consumo vecinal): así, en el barrio del *Albayzín* de Granada se conserva casi intacta la red de aljibes andalusí que se mantuvo en uso hasta la instalación del agua corriente en los años cincuenta. En los *hamman*, además del propietario, o del encargado si era un baño público, los empleados o servidores que había y trabajaban en el baño eran los encargados del horno, los del guardarropa, masajistas, barberos, maquilladoras y peinadoras. Es bien conocido que el *hammam* ocupaba un lugar destacado en la vida cotidiana de la población andalusí; había baños públicos y privados, lujosos y humildes, pero todos proporcionaban a sus usuarios la necesaria higiene personal y espiritual además de ser lugares de encuentro y reunión.

Los baños resultaban un elemento social muy importante para las gentes, reservándose el turno de la mañana para los hombres: con una simple toalla por vestido, todos eran iguales y se trataban como tales, y los clientes no sólo se lavaban, sino que también se relajaban y se dejaban masajear enérgicamente; pero, desde el mediodía, el turno de la tarde estaba reservado a las mujeres, que solían ir con sus hijos pequeños, y allí se acicalaban, charlaban e incluso merendaban. Hay que reiterar ese hecho: hombres y mujeres se alternaban separadamente en su uso y disfrute, siendo esta actividad una de las escasas oportunidades que la mujer andalusí tenía para relacionarse y salir del entorno doméstico. En las ciudades de *al-Ándalus*, los baños públicos eran numerosos: en la época califal llegaron a existir más de 600 en Córdoba, la capital. Además, la limpieza y el cuidado del cuerpo en los baños públicos traían consigo otras costumbres y modas; así, los hombres empezaron peinándose el pelo, que se llevaba largo en forma de melena suelta, al igual que lo habían hecho visigodos y francos; pero en el siglo IX se impuso la moda del pelo corto, y desde entonces era lo que predominaba. Las mujeres, por su parte, mantuvieron su pelo largo y se pintaban los ojos con polvos o tinte de *kohl*, al estilo árabe, y las uñas con alheña; junto con eso, se adornaban con ajorcas, collares y pulseras de oro y plata.

Entre los **cosméticos femeninos** hay que señalar las pastas depilatorias, la alheña (*henna*) para teñir el pelo y colorear las uñas, los aceites de violetas, los perfumes de almizcle y jazmín, el jabón arcilloso para el cabello que servía para combatir la grasa y la caspa, antimonio para realzar la mirada (*kohl*) y embellecer los ojos, la corteza de nuez para tintar labios y encías, etc. Para el cuidado y belleza del cuerpo se solían utilizar aceites esenciales: el de altramuces para eliminar verrugas, el de almendras para masajes del rostro e hidratación de la piel, el de rosas como tonificante y para aliviar la fatiga, el de manzanilla para relajar los miembros, el de nenúfar para conciliar el sueño, el de jazmín para relajar la mente, el de narciso para tranquilizar los nervios. Los dientes se cuidaban con cocciones de raíz de nogal, los ojos con colirios de agua de rosas o de mirra, y el cutis con una mezcla de goma arábiga y harinas de garbanzos, altramuces, cebada y arroz. Abú l-Alá Zhor describía en su *Kitab al-Muyarrabat* una mascarilla facial para aclarar la piel del rostro:

Semilla de melón y semilla de lino, de cada cosa una parte. Se trituran y se cuencen en agua suficiente para cubrirlas hasta que se evapore la mayor parte. Se exprime, se filtra y se amasa con ello harina integral de cebada. Se aplica [sobre el rostro] y se duerme con ello toda la noche. Aclara la piel y la confiere un tono muy bello, si Dios quiere, ¡alabado sea!

Entre otros productos aromáticos, se empleaba la cáscara de la naranja amarga como desodorante, frotando con el interior de la cáscara la parte del cuerpo a perfumar. Todos estos elementos constituían un auténtico arsenal cosmético para el cuidado y la belleza de la mujer andalusí. Abderramán Jah trató el mundo de los perfumes andalusíes y, después de señalar que Almería, Cartagena y Málaga eran los puertos clave para la importación de productos de Oriente y la exportación de los productos andalusíes, recuerda que en *al-Ándalus* se utilizaba un perfume distinto en cada estación del año: con ellos y mediante pebeteros (braserillos) se perfumaban las mezquitas y el interior de las casas quemando maderas olorosas o resinas aromáticas, generalmente importadas de Oriente. No obstante hay que hacer una precisión, y es que los perfumes andalusíes no sólo se destinaban a la sensualidad de las mujeres o a la frivolidad doméstica del *harén*: según refería en el siglo XIII Ibn Idari en su *al-Bayan al mugrib*, en la fiesta que se celebraba en la mezquita mayor de Córdoba la noche del 27 de Ramadán (*laylat al-Qadir*, o «noche del destino», aniversario de la primera «revelación» a Mahoma) el consumo de perfumes *ascendía a 400 onzas de ámbar gris y a ocho onzas de madera de algáloco* (áloe fresco). También las mezquitas y durante las fiestas, se iluminaban con cirios y lámparas de aceite, y se quemaba incienso y maderas aromáticas.

Vestidos y adornos

En lo tocante a la indumentaria personal, los andalusíes utilizaban habitualmente tejidos de lana, lino y seda, y en sus telares se tejían brocados, sarga, tafetanes y terciopelos.

De entre las ropas, destacaban las túnicas o *galabiyas*, las camisas largas, las sayas y zaragüelles, que vestían encima de la ropa interior; sobre todo ellos, se ponían chalecos de piel y zamarras. La cabeza se cubría con casquetes de fieltro y gorros de lana, siendo la **boina** un tocado muy extendido y habitual, tanto en *al-Ándalus* como entre los cristianos del norte; a su vez, las mujeres se cubrían la cabeza con pañuelos de raso o pañolones que llegaban hasta la cintura. Al principio, nobles y notables (*ayán*) utilizaron gorros altos de origen iraquí; el turbante se reservó para los letrados, pero a partir del siglo XII los beréberes generalizaron su uso para todos; a su vez, el pueblo se vestía de la forma más sencilla posible, pues vestirse costaba un dinero que a menudo no les sobraba para esos gastos. En **campaña**, los jefes militares muladíes se tocaban en el siglo X con una boina tachonada o incluso con mitras de origen persa, pero los *chundíes* sirios llevaban el clásico turbante árabe; los nobles muladíes llevaban su cota de malla o de cuero endurecido debajo de su larga túnica, generalmente ceñida en la cintura por una ancha faja, mientras que los peones o infantes se tocaban con boinas, sus túnicas eran más cortas (en torno a la rodilla), raramente llevaban cota y se armaban con mazas de madera, azagayas, podones y raramente espadas, que solían ser usadas por nobles y cuerpos especializados (como la caballería).

En la vida cotidiana, las diferencias de vestimenta entre nobles y gentes del pueblo era muy grande y visible. Los nobles vestían unas cómodas **túnicas largas y amplias** (vestimenta «a la morisca» a la que algunos reyes hispanocristianos fueron muy aficionados), sobre las que ponían togas o mantos, y empezaron a llevar el cabello corto a partir del siglo IX; las mujeres nobles llevaban a veces una sobretúnica llamada «pellote», y un tocado de guirnalda de flores naturales. El pueblo tenía vestidos más sencillos y cómodos para el trabajo en el campo o en los talleres artesanos, llegando a vestir en el verano andaluz con sólo una corta faldilla hasta las rodillas; las mujeres del pueblo solían actuar con recato llevando una camisa y unas medias o pololos de origen oriental sobre su ropa interior, y encima de ellos una túnica hasta las espinillas, con un bonete como tocado y cubriéndose el rostro con un velo. Por su parte, los califas (y los reyezuelos de taifas) vestían en ciertas ceremonias oficiales con un gran lujo, destacando entre todos sus vestidos el *tiraz*, un tejido realizado en oro y seda que era privativo y exclusivo suyo. En contra de lo que acostumbramos a imaginar, no solían llevar el turbante en esas ceremonias de corte, sino una especie de mitra de influencia bizantina o persa, con túnicas o sobrevestes de corte bizantino; sin embargo, los estampados o dibujos bordados en ellas solían ser de origen persa. La fantasía árabe se contagió también a los muladíes hispanos de *al-Ándalus*, que enjaezaban sus caballos con mantas o paños con borlas, y a veces con cascabeles, sobre todo en corridas de toros, juegos de cañas y fiestas de alarde.

Por lo que se refiere a las **joyas y adornos**, es bien sabido que los seres humanos han deseado desde siempre diferenciarse de los demás por medio de adornos y símbolos, buscando que éstos mostrasen su valor, grandeza o categoría social. Entre esos símbolos o adornos están las joyas, que según su talla, material y función designaban aspectos políticos, religiosos o de uso común. Las joyas se utilizan para adornar la cabeza y el rostro, o el resto del cuerpo; en adornos para la cabeza y la cara fueron habituales en la Edad Media las coronas y penachos en reyes y guerreros, así como las diademas, horquillas para el cabello, pendientes, aros nasales y aros para los labios, o adornos de sombreros para las mujeres. Entre los adornos para el cuello, tanto para hombres como para mujeres, destacaban los collares, gargantillas y colgantes; entre los adornos para el pecho, los pectorales, broches y botones; de los adornos para brazos y piernas, los anillos, brazaletes, pulseras y tobilleras; por último, otro tipo de adornos eran los cinturones con dijes (colgantes), los esencieros y los rosarios religiosos, tanto musulmanes como cristianos.

CAPÍTULO VI

TRABAJOS Y ACTIVIDADES LABORALES

Agricultura en *al-Ándalus*: la riqueza del agua

El mítico esplendor del *al-Ándalus* de la época califal, con su evidente desarrollo urbano, industrial y cultural, no hubiera sido posible sin la existencia de una agricultura próspera. Tampoco en este ámbito de la producción fueron creadores los musulmanes, pero acabaron mejorando los métodos y cultivos que conocieron en su prodigiosa expansión por las tierras afroasiáticas. En este ámbito de la agricultura, fue particularmente importante su técnica de **acopio, almacenamiento y distribución del agua** para riegos. Sobre este punto, y en un interesante trabajo sobre el derecho de aguas, F. Vidal Castro afirma que en la civilización y tradición cultural árabo-islámica el agua ha tenido y tiene una especial importancia, por lo que ocupa lugar privilegiado tanto en los rituales de su religión —es un elemento purificador— como en su creencia en el Paraíso, que ellos conciben como un oasis, algo que será imitado en *al-Ándalus* por los jardines ilámicos. En agricultura, su cuidado del agua se ve en sus sistemas de riego, y en su arte el agua enriquecía el diseño de palacios y quintas (*al-munia*); eso mismo se evidencia en la abundante toponimia española de origen árabe vinculada al agua y, sobre todo, en los numerosos arabismos con ella relacionados. Los andalusíes perfeccionaron técnicas que conocieron en Asia sobre la captación y almacenamiento de agua, así como su conducción o transporte por medio de cisternas, acueductos, canales, presas y utilización de aguas subterráneas.

En *al-Ándalus* se utilizaron para agricultura hortícola tres sistemas de riego, similares a los que existían en otros lugares del Islam: el primero era el sistema de acequias (*al-saqiya*) para desviar agua a las huertas; el segundo, el empleo de máquinas elevadoras para extraer el agua del río o de un pozo (la noria o *al-nanra*); el tercero, el uso del *qanat* iraquí, que era una canalización subterránea de agua, que conectada a un conjunto de pozos de succión, hacía aflorar el agua por gravedad. Estas técnicas aparecieron en la remota China y en la Persia aqueménida, desde la que se propagó por todo el Próximo Oriente; luego, los romanos las difundieron por las tierras del Mediterráneo, su mar; por último, los musulmanes las recibieron en Persia y en el Mediterráneo y perfeccionaron su técnica en *al-Ándalus*, que las volvió a generalizar por el Magreb. Prescindiendo del *shaduf* egipcio, que es un cubo sujeto al extremo de una pértiga con un contrapeso que se utilizaba para sacar el agua del Nilo y elevarla o transportarla a acequias y campos, el *qanat* fue el método de aprovechamiento de aguas cuya primera aplicación conocida en España se realizó en Madrid. Es sabido que el núcleo de la ciudad lo constituyó un castillo mandado construir por Muhammad I, al cual se abasteció de agua mediante unas conducciones subterráneas llamadas *qanát* o *mayrá* (*matrix* en latín, *matrices* en plural). La adición a esta última (*mayrá*) del sufijo romance de abundancia (*etu*) dio lugar a dos denominaciones paralelas de la nueva ciudad: *Mayrit* en árabe y *Madrid* en lengua romance, aunque ambas posean el significado de «lugar en que abundan los túneles subterráneos de captación de aguas». Estos manantiales subterráneos son tan antiguos que los primeros restos fósiles de *Elephas antiquus* encontrados en España aparecieron en la excavación de esos manantiales. Esta técnica persa-arábiga bien conocida teóricamente gracias a la obra de Karayí titulada *Kitáb inbah al-miyah*, y prácticamente porque la red de canalización creció al mismo tiempo que la ciudad: bajo el nombre de «*viajes*», ha estado en uso en la capital española hasta casi finales del siglo XX. El aspecto que debió presentar el campo madrileño con las alineaciones de los pozos de ventilación de todas esas conducciones lo puede imaginar fácilmente cualquier viajero que sobrevuele Ispahán y otras ciudades del Próximo Oriente, en donde los *qanát* continúan construyéndose y utilizándose a pleno rendimiento.

Explica Vernet Ginés que probablemente en la época de Abderramán II se **introdujeron en la Península determinados productos** e industrias, muchas de las cuales conservan aún hoy su nombre árabe. Por ejemplo, el *azúcar de caña* (que desplazó al hidromiel y otros productos similares) aparece citado en el año 643 en Egipto y más tarde en Siria (680), Chipre (700) y España (714): su marcha por el mundo occidental prosiguió incesantemente y pronto aparecería en los textos literarios árabes y cristianos. Otro nuevo producto cultivado fue el *algodón*: originario de la India y conocido desde la Antigüedad, su cultivo no se desarrolló hasta que los árabes lo introdujeron en Andalucía. El uso de los trajes de algodón pasó a Italia y Francia (siglo XII), Flandes (XIII), Alemania (XIV) e Inglaterra (XV). Igual ruta siguieron las *espinacas*, las *berenjenas*, las *alcachofas*, la *sandía*, el *albaricoque*, el *limonero*, el *arroz*, el *azafrán*, etc.; conviene precisar que alguno de estos productos había sido utilizado en el mundo cristiano antes de la invasión árabe, pero sólo desde ésta se extendieron por Europa y gozaron de popularidad.

No obstante, gracias al agua la agricultura andalusí fue muy importante: una prueba de ello es que en *al-Ándalus* aparecieron más **tratadistas y escritores sobre agricultura** que en toda Europa: Páez de la Cadena dice que, cronológicamente, los tratados más destacables son el «Calendario de Córdoba» (961-976), el *Compendio de agricultura* (c. 1060) del toledano Ibn Wafid, el *Libro de agricultura* (c. 1080) del también toledano Ibn Bassal, el *Libro de agricultura* (siglo XI) del sevillano Abu l-Jayr, el *Libro de agricultura* (c. 1180) de Ibn al-Awwam y el *Tratado de agricultura* (1348) del almeriense Ibn Luyun. A éstos hay que añadir otros tratados de legislación y derecho agrario, tratados médicos galénicos y farmacéuticos, así como otros tratados sobre diversos aspectos de la naturaleza: muchos de ellos hacen referencias indirectas a técnicas, plantaciones o especies vegetales. Así el tratado de Ibn Yulyul sobre medicamentos simples, el tratado mixto de Al Tignari, un breve anónimo con lo que parecen diversos fragmentos de tratados o la obra del llamado «botánico anónimo sevillano» y su relación con la escuela agronómica andalusí.

Aunque es cierto que el resultado de los regadíos en la producción agrícola fue espectacular, los principales cultivos andalusíes siguieron siendo la **tríada del secano**: el olivo, la vid y el trigo. El cultivo de los *cereales* (fundamentalmente, trigo y cebada) era similar en todo al empleado por los hispanos del norte y por la Europa cristiana: tras dos años de siembra se dejaba la tierra en barbecho; sólo en zonas especiales se procedía a la siembra de cereales de primavera (mijo y sorgo). Sin embargo, aunque algunos textos geográficos hablan con frecuencia de determinadas zonas trigueras (Tudela, Toledo, Baeza, Écija, Ubeda y Jerez), hay que precisar que *al-Ándalus* fue siempre deficitario en cereales y tuvo que recurrir frecuentemente a las importaciones del norte de África, por lo que los califas trataron de dominarlo para asegurar el abastecimiento de trigo: Glick afirma que ese déficit se debió al proceso de aculturación que llevó a la población hispano-muladí, tradicionalmente cultivadora de cereal, hacia la agricultura intensiva de regadío. Otro cereal de gran importancia en la Península fue el arroz, importado de Asia y ampliamente cultivado en las llanuras del Guadalquivir y en las huertas valencianas. El cultivo del *olivo* continuó la tradición agrícola romana, y sus zonas más productivas se ubicaron en la antigua Bética. En la época califal se encontraba el olivar en plena expansión, destacando el aceite del Aljarafe, al oeste de Sevilla, cuyas excelentes propiedades ponderaban los geógrafos; se producía, asimismo, en las regiones de Jaén, Córdoba y Málaga, así como en Lérida y Mequinenza. La producción aceitera de *al-Ándalus* era tan importante que se exportaba a Oriente y el norte de África; el sistema empleado para el prensado de la aceituna, la *almazara*, no difería mucho del practicado hasta hace pocas décadas en Andalucía. Por su parte, y pese a la prohibición coránica de consumir alcohol, el *viñedo* mantuvo su importancia bajo el dominio musulmán a causa de la existencia de una población no musulmana y a la tolerancia de emires y califas. Ello sin contar con el amplio consumo de uvas frescas y, sobre todo, de pasas, siendo especialmente famosas las de Ibiza y Málaga. A estos típicos productos mediterráneos de secano hay que añadir también las *legumbres* que se cultivan en tierras de secano, como habas y garbanzos.

Los **cultivos de regadío** aumentaron la producción agrícola y tuvieron una especial significación por sus técnicas de irrigación y por el fomento de los cultivos hortícolas y de árboles frutales. Algunos autores entusiastas han hablado de «revolución verde» andalusí porque los musulmanes perfeccionaron los sistemas de regadío, realizaron estudios botánicos sobre la calidad y productividad del suelo, se preocuparon por el abonado y trataron de combatir las plagas de insectos. Destacaron *cultivos* como el arroz, el algodón y el azafrán; los *árboles frutales*, como higueras, manzanos, perales, almendros, albaricoques, plátano y, en zonas favorecidas por el clima (en el valle bajo del Guadalquivir y en la costa granadina) la caña de azúcar. Su introducción por los árabes se debió tanto a la difusión del regadío como a la demanda producida por la progresiva urbanización de la sociedad andalusí y al auge de una clase mercantil árabe, responsable del cinturón de huertas que rodeaba las ciudades.

Por otro lado, aquella sociedad predominantemente urbana y mercantil necesitaba de **cultivos industriales**: textiles, colorantes, aromáticos y medicinales. Así, se mantuvo el antiguo e importante cultivo del lino, aunque con tendencia a replegarse hacia el sur debido a la difusión del algodón, una nueva planta textil cuya presencia está documentada desde principios del siglo X. El esparto, producido en Murcia y que aún se sigue usando para calzado, el cáñamo y el lino se utilizaban para la fabricación de papel. Como colorantes se usaba el azafrán, tanto en la industria textil como en la condimentación culinaria, y el añil, que era requisado por el Estado en los alrededores de Córdoba. Por último y gracias al árbol de la morera, la cría del gusano de seda (introducida a mediados del siglo VIII por los sirios) se extendió por Baza, Jaén y las Alpujarras. El considerable desarrollo de la agronomía andalusí se nota con más evidencia en la introducción de especies hasta entonces exóticas y extrañas, que fue realizada con tanta sabiduría y acierto que no se malogró ninguna de las que intentaron añadir a las autóctonas o del país. Entre ellas, los cítricos predominaron en el Levante: los árabes fueron sin duda quienes más hicieron por difundirlos, y nos han llegado fragmentos de escritos narrando sus experiencias agrícolas. Si el arzobispo visigodo San Isidoro de Sevilla en sus *Etimologías* omitía el *naranjo* entre las plantas de su época, es evidente que entonces (siglos VI y VII) no existía.

En el **contrato de aparcería** (ir «*a partes*» en las ganancias) entre un nuevo terrateniente árabe y unos trabajadores campesinos, el trabajo lo realizaban campesinos beréberes y muladíes, cuya suerte pareció experimentar alguna mejoría. Las formas del contrato de *aparcería* diferían según la naturaleza de la producción: en zonas «de secano» se hacían contratos en los que el dueño de la tierra y el colono ponían cada uno la mitad de las simientes y recibían la mitad de la cosecha; por cuenta del colono corría el trabajo de la tierra y los gastos que se produjeran. Leví-Provençal decía que este tipo de contrato, generalizado en *al-Ándalus* a partir del siglo X, se extendería más tarde a los reinos cristianos y sería

AL-ÁNDALUS

muy utilizado en los trabajos que requerían especialización, como el cultivo de viñedos o la reconstrucción de molinos. Pero en las «de regadío», con una producción mayor y más valiosa, el colono sólo recibía la tercera parte de la cosecha. Por último, habría que hablar de las *concesiones territoriales* de Almanzor, destinadas a cubrir las necesidades del ejército profesional. Según el rey granadino Abd-Allah, este régimen de concesiones puso fin a las antiguas estructuras territoriales, pero se desmoronó al principio de la gran *fitna* (guerra civil), creándose medianas y pequeñas propiedades.

Entre las **técnicas agrícolas** está el *injerto*, cuyo éxito o fracaso se basa en diferentes causas, pero sobre todo en la naturaleza de la savia. Otras técnicas conocidas y habitualmente usadas por los andalusíes, pero también por los cristianos del norte de España, eran la *poda*, el *aclareo*, el *abonado*, la *defensa* contra heladas, pedriscos y otras adversidades y la *conservación* de la fruta. Una práctica, a la que se prestó mucha atención en aquella época, fue la de la producción de *plantas de vivero*: la reproducción por semilla la aplicaban a todos los cítricos y lo hacían así en un lugar resguardado del frío. También eran los andalusíes expertos en la lucha contra la climatología adversa (exceso de frío o de calor, insectos, suelos calizos, enfermedades), y siempre utilizaban técnicas naturales, beneficiosas y nada agresivas con el medio: rodeaban los troncos de los cítricos con pequeñas empalizadas, o los ceñían con un tejido basto impregnado de aceite, alquitrán o boñiga para conservarlos sin insectos; los regaban con agua tibia o fría; abonaban el suelo con ceniza procedente de los baños y otros lugares, llegando a regar las raíces con la sangre de los machos cabríos sacrificados para carne, o con guano o palomina pulverizada. También desarrollaron *técnicas de conservación* que permitían conservar los frutos durante mucho tiempo: las abundantes referencias sobre los usos alimentarios o medicinales, están diseminadas en los escritos de los numerosos autores andalusíes de la época. Acerca de los **fertilizantes** o abonos, Ibn al-Awwän, Ibn Bassäl y Abúl-Jayr

161

proporcionan una información muy interesante, especificando épocas de utilización, tipos de estiércol según su procedencia (humano, palomina, de cabra, de caballería, de cenizas de algodón, o de leñas), diferentes beneficios y utilidades según fuera fresco o fermentado, y su multitud de combinaciones según la especie a abonar y el resultado deseado con arreglo al crecimiento, a la floración o al fruto.

En **medicina**, la cáscara de la *toronja* se recomendaba para perfumar el aliento, y se utilizaba para fabricar dentífricos muy eficaces para fortalecer las encías, mientras que la hoja se consumía para facilitar la digestión. El cocimiento de toronja era eficaz contra la diarrea y el vómito; su grano, ingerido en pequeña cantidad con agua tibia, era un remedio rápido contra los venenos en general, y especialmente contra la picadura de serpientes y escorpiones, según la medicina tradicional islámica. El *naranjo amargo* se utilizaba contra el estreñimiento y para evitar ventosidades; de su flor extraían un aceite muy suave que fortificaba las articulaciones y se le adjudicaban propiedades medicinales como sedante ligero, antiespasmódico y digestivo. Sobre el *limón* no es preciso decir que el ácido cítrico que contiene es bactericida y portador de varias vitaminas, desde la C a las B; por su contenido en vitamina C se utilizó durante algún tiempo para combatir el escorbuto. Tiene una acción como desinfectante natural, por lo que se solían elaborar unas pastillas con vinagre de limón, culantrillo de pozo (un helecho) y menta que, disueltas en agua, se aplicaban sobre zonas de la piel donde hubiera cicatrices para limpiarlas: al parecer, esta especie de pomada era prescrita por los médicos andalusíes también para paliar los efectos destructores de la lepra.

La ganadería y su variedad

La ganadería andalusí se vio favorecida por los extensos terrenos forestales de los macizos montañosos, por los pastizales de espesas hierbas en los valles y marismas del

Guadalquivir, y por el sistema de cultivo de barbecho. Fueron los beréberes los que más se dedicaron a la ganadería; pero los muladíes andalusíes continuaron la tradición visigótica, pues los asentamientos godos en la mitad sur de Hispania conllevaron la llegada de ovejas a aquella región. De este modo, los rebaños de **ovejas** se convirtieron en el gran producto industrial de la ganadería andalusí, pues consiguieron incrementar el número de cabezas de ganado ovino y su productividad en lana. Lombart asegura que fue entonces cuando se introdujo la raza *«merina»*, llamada así por haber sido explotada hasta entonces por los Banu Marín (benimerines); otros autores dicen que provenía de cruces ganaderos selectivos producidos durante la Baja Edad Media. Pero hay un dato social a destacar: parece ser que los grandes rebaños eran propiedad de los habitantes de los pueblos y que pastaban en los terrenos comunales de los alrededores, lo que podría ser el ejemplo y antecedente de los «bienes de comunes» en los municipios cristianos de las edades Media y Moderna, que en España pervivieron hasta la desamortización de Madoz de 1855.

Además de las ovejas, es sabido que los árabes destacaron por la finura de sus **caballos**; estos ejemplares de la llamada «raza árabe» eran de menor alzado, más finos y nerviosos, pero también más veloces, que los europeos de la época. Y así, mientras que los hispanocristianos del norte y los europeos iban a la guerra en caballos más grandes, fuertes y potentes de anchas patas, usándolos como los más indicados para la «caballería pesada», los más pequeños y ligeros caballos árabes eran los más adecuados para la «caballería ligera». Al principio, la conquista de Hispania se hizo con tropas de peones o infantes, utilizando los animales para la carga y para una escasa caballería. Pero luego mejoraron la caballería como cuerpo militar, lo que impulsó las yeguadas califales en las islas y marismas del Guadalquivir: el mismo Almanzor se preocupó mucho de ellas. Eso les permitió vender y exportar muchos caballos; de hecho, los mejores ejemplares del mundo siguen siendo los caballos andaluces y los pura-sangre británicos, siendo éstos el resultado de tres siglos de cruces entre las razas autóctonas británicas y los caballos árabes. Relacionados con ellos estaban las mulas y los asnos, más utilizados por el pueblo para tareas de carga, transporte y trabajo.

Otros animales de la cabaña ganadera andalusí fueron el **ganado vacuno**, sobre todo bueyes y vacas, destinados aquéllos para el trabajo y la tracción de carruajes y carretas de todo tipo, y éstas para carne. El **ganado porcino** se criaba, sobre todo, para los andalusíes cristianos o mozárabes, debido al precepto religioso que prohibía su consumo a los musulmanes; sin embargo, y aunque retrocedió su número respecto a la época visigótica, su cría se mantuvo en las regiones montañosas y era consumido por el común de las gentes en *al-Ándalus*, aunque fuesen musulmanes. Junto con todos estos tipos de ganado pecuario, los andalusíes aprovecharon y criaron otro tipo de animales; entre ellos hay que destacar las abejas: la **apicultura** se desarrolló por su miel, que se consumía mucho debido a la escasez del azúcar de caña. A causa de la afición medieval por la **cetrería**, de la que los árabes eran tan entusiastas y diestros como los cristianos europeos, criaron halcones y milanos para este deporte caballeresco. También explotaron los **gallineros y palomares**: fue numerosa la cría de pollos, por su extendido consumo popular, y de palomas: éstas se utilizaban para correos urgentes, y sus residuos fecales servían de abono y para dar apresto a las pieles curtidas, como siglos después ocurriría con el guano. Además, los pichones constituían un bocado gastronómico exquisito para sus paladares; y respecto a la gastronomía, es preciso recordar que —además de la dieta de vegetales, productos hortícolas y frutas, la habitual en las clases populares— los andalusíes comían carne de cordero, especialmente en sus fiestas, y de vacuno; respecto a la carne de cerdo, prohibida en la religión islámica, así como el vino, ya quedó dicho anteriormente que en *al-Ándalus* su consumo era frecuente y habitual, y no sólo entre los cristianos mozárabes que allí vivían. En la época omeya se ha constatado la aparición del **camello** en *al-Ándalus*: sería utilizado por Almanzor para el transporte del material pesado en sus campañas contra los cristianos; por otro lado, cuando los *chundíes* sirios llegaron a la Península trajeron consigo **búfalos** de origen indio, pero estos dos últimos pronto desaparecieron sin dejar resto alguno.

La realidad es que los historiadores, debido a la escasez de datos y referencias ciertas, desconocen aún el grado de importancia que tenía la ganadería en la economía andalusí. Como se ha señalado con anterioridad, los animales más apreciados y caros eran el caballo de guerra, la mula y el asno de carga, y la oveja por su carne y su lana. Según Lombard, la penetración de los beréberes en la Península sirvió para mejorar las razas equina y ovina: ésta practicaba ya en época califal la transhumancia entre las zonas montañosas del Sistema Central (sierra de Guadarrama) y las regiones del Oeste y del Sur, aunque no sea posible establecer sus ciclos ni las cañadas que utilizaron para ello ni para aprovechar mejor los pastos.

La industria andalusí

Las **manufacturas textiles** eran las más importantes siempre, por la necesidad de los productos que fabricaban y por el valor intrínseco que éstos tenían y conservaban largo tiempo: pañería de lana magrebí y egipcia, lienzos de lino egipcios, tejidos de algodón iraquíes, del Yemen y del Irán, y sederías también iraníes, iraquíes y palestinas aunque hubo una difusión general de la sericicultura en el mundo islámico, y de mejores técnicas de tinte con grana, azafrán e índigo. Los tapices y *tiraz* (paños de seda e hilo de oro que sólo podía vestir el Califa o los más altos dignatarios o emires), tan vinculados al lujo de la Corte e incluso al de los campamentos nómadas, eran en algunos casos objeto de monopolio de fabricación de los talleres califales. Entre los productos andalusíes suntuarios y de lujo es conveniente no olvidar que hacia la primera mitad del siglo IX debió llegar a Córdoba el gusano de **seda**: fue conocido en España poco después de la embajada del poeta-astrólogo Yahyá al-Gazal y cabe pensar si fue éste quien lo trajo de Bizancio, a donde había llegado desde China secretamente, pues allí era un secreto de Estado y la base de su floreciente comercio de productos suntuarios que, a través de la «ruta de la seda», llegaba desde el siglo I d.C. a todo el Imperio romano. La apreciada industria de la seda se basaba en la fabricación de estos tejidos en Córdoba, Almería y Baeza. Otras actividades manufactureras de gran desarrollo fueron las relativas al **cuero** (Egipto, Yemen, Córdoba, Fez), pero hay que mencionar la preparación de pieles que se realizaba en Zaragoza.

También la **carpintería** tuvo una gran calidad para la construcción y la ornamentación de interiores. En ella alcanzaron gran nivel, así como en tareas más delicadas de obraje de puertas, mobiliario, tribunas portátiles y taraceado, con empleo de maderas nobles y marfil; la *taracea* o *marquetería* es el procedimiento de inserción de pequeñas piezas de un determinado material en un fondo macizo con el fin de crear un diseño decorativo: la más utilizada es incrustar en madera o metal materiales como marfil, carey, cobre u otra madera, y el efecto del contraste depende del color y la textura de los materiales utilizados. Otros aspectos a recordar son las mejoras técnicas en la fabricación de **cerámica** de tonos metalizados, así como objetos de uso doméstico y la aplicación de la cerámica como ornamento en sustitución del mosaico bizantino. No menos importante fue la obtención de **vidrio**: aunque su descubrimiento se produjo en el año 2000 a.C., se elaboraba fundiendo a 1.200 °C una arena silícea mezclada con potasa o sosa. Este procedimiento hacía muy costosa su fabricación, por lo que el vidrio o cristal se usó inicialmente para joyería de abalorios y para adornos. Introducido en *al-Ándalus* durante la época de Abderraman II, se producía en Córdoba, Calatayud y Málaga, y desde el siglo IX empezó a fabricarse masivamente siguiendo el modelo romano: eso permitió producir cristal a un precio menor, aunque seguía siendo caro para el común de las gentes.

No menos importante eran los trabajos de **joyería** con oro, plata, piedras preciosas y marfil en Córdoba. Esta producción artesanal se destina en primer lugar al consumo interno y es objeto de un comercio entre las tierras de *al-Ándalus*, pero otra parte se dedica a la exportación como medio de obtener los productos y la mano de obra que los musulmanes peninsulares no poseen. En este ámbito, los artesanos andalusíes descollaron extraordinariamente por el «damasquinado», un procedimiento similar al de la taracea, que todavía pervive en nuestros días. Por el contrario, la **metalurgia** apenas experimentó avances, salvo en la fabricación de sables en el Yemen o el Jurasan, y el empleo del hierro no alcanzó gran desarrollo; para casi

Ejemplo de azulejería de la Alhambra. Su originalidad colabora a embellecer la decoración de esta fortaleza-palacio.

167

todos los objetos de la vida cotidiana se usaba el cobre, más abundante y fácil de obtener, y a su labor se refieren algunas técnicas de adorno como el *damasquinado*, originario del Asia Central. Si el artesanado era la causa real de la diversidad social urbana, otras actividades se referían al comercio, la política y la religión, tareas y funciones propias sólo de las ciudades.

Una interesante industria surgida entonces fue la del **papel**; según la tradición, fue descubierto por el chino Ts'ai Lun y empezó a fabricarse en el Turquestán Oriental en el siglo V; alrededor del año 757 se producía ya en Samarcanda por artesanos chinos, posiblemente prisioneros de guerra, y a través de Iraq y de Egipto llegó a Túnez en tiempo de los aglabíes (antes del 909) y a *al-Ándalus* antes de mediados del siglo X, pues de esa época son el *Breviarium et missale mozarabicum* (monasterio de Silos) y el *Glosario arábigo-latino*, de Leiden, parcialmente escritos sobre papel y cuya mayor parte lo estaba en el clásico pergamino de piel de oveja. Se cree que los chinos usaron al principio papel de seda, pero que los árabes lograron extraer el papel del algodón, el cual llegó a Bagdad a fines del siglo VIII. En la España omeya se propagó esta actividad, destacando especialmente Játiva en la fabricación de papel. Sin embargo, el papel no fue decisivo en la difusión de ideas ni de textos, ya fuesen literarios, filosóficos o religiosos, pues en la época del califato de Córdoba (929-1051), que inauguró el primero de los tres siglos de apogeo cultural andalusí, la mayor parte de sus tesoros bibliográficos —los 400.000 volúmenes de la Biblioteca de Palacio— no estaban escritos en papel, sino en pergamino. Es curioso que en esa biblioteca, junto a libros traducidos del griego por helenistas cordobeses, se encontraban los procedentes de Oriente y las traducciones latino-árabes encargadas por el príncipe heredero al-Hakam II; de toda aquella inmensa riqueza cultural sólo una obra, fechada en el año 970, ha llegado hasta nuestros días y fue publicada en 1934 por el arabista E. Leví-Provençal.

La **producción artesanal** de *al-Ándalus* destacó en numerosos campos. Dentro de ella hay que distinguir la que se destinaba a consumo interno —alimentos y textiles— y la producción de lujo destinada en parte a la exportación. La industria textil popular y sus anejas de cardado, hilado, apresto y tinte fueron sin duda las más importantes de la España islámica: se trabajaba el lino, el algodón y la lana para vestidos, mantas y tapices; el cuero y las pieles daban trabajo a curtidores, fabricantes de pellizas, pergamineros y zapateros; el esparto era empleado en la fabricación de esteras y cestos. Entre las restantes industrias, con una multitud de pequeños talleres artesanales, y además de la alfarería, el trabajo del vidrio y la fabricación de armas, hay que destacar las dedicadas a la **construcción:** canteros, tejeros, albañiles, carpinteros y herreros. En otro ámbito, la **pesca** daba trabajo en la costa andaluza a gran parte de su población. Y lo mismo puede decirse del trabajo de la madera: desde objetos de lujo, como los mimbares de las mezquitas, hasta las obras de marquetería con incrustaciones de nácar o de marfil y de artesonados, pasando por las de madera destinada a la construcción naval.

El comercio en el mundo islámico

Al-Ándalus era en Occidente la última etapa de la *ruta de la seda*, itinerario comercial cuyo recorrido seguía también la *ruta de las especias*. Las especias eran imprescindibles en una época que carecía de mantenimiento frigorífico para conservar carne, pescado y alimentos perecederos; otras especias se destinaban a perfumes y a medicinas. Tanto para obtener perfumes como medicinas se utilizaban los «aceites esenciales», productos asociados a las esencias odoríferas de muchos vegetales; esos aceites esenciales se utilizaban para dar sabor y aroma a diversos productos, y proceden de las flores, frutos, hojas, raíces, semillas y corteza de los vegetales. Varias plantas están tradicionalmente destinadas a la preparación de perfumes, como espliego, rosa y lavanda. Para la obtención de medicinas se emplean también los aceites esenciales por su efecto como calmante del dolor y por sus aportes fisiológicos. La Historia y las investigaciones arqueológicas han demostrado que las hierbas y especias han sido importantes instrumentos de medicina: antes de la generalización de los medicamentos elaborados industrialmente, se prescribían remedios compuestos por hierbas que los «mancebos» preparaban en la rebotica de las farmacias. Lo que mejor refleja el enorme valor atribuido a las especias es el auge económico del que disfrutó el Próximo Oriente ya antes del año 2000 a.C., estimulado por el lucrativo comercio de la canela, la pimienta y la cassia o sen de Alejandría.

El comercio árabe era una lucrativa actividad que consistía en el transporte de especias y productos suntuarios desde sus lugares de producción a los de distribución. Los centros de origen estaban en el Extremo Oriente: en la costa malabar de la India, o en la de Calcuta, así como en las Islas de la Especiería (las Molucas, Indonesia) y en la zona de la Cochinchina (hoy Vietnam). Desde allí se transportaban al Mediterráneo, lugar en que venecianos y pisanos (y catalanes, a través de sus «consulados del mar») lo distribuían por toda Europa, los egipcios por Sudán y África, y los eslavos de Crimea por toda Rusia y este de Europa. Lo que hay que resaltar es que entre el punto de origen (Extremo Oriente) y el punto de distribución (Próximo Oriente) el intermediario entre origen y destino eran los árabes, que durante siglos controlaron aquellas rutas. Tenían dos medios para realizar el tráfico de tan provechosas mercancías: el transporte por mar, a través del Índico, o el tráfico terrestre, a través de Asia Central y Arabia. Dependiendo de los intermediarios árabes y en buenas relaciones con ellos, algunos Estados europeos (primero los comerciantes del Imperio Romano, y después los venecianos entre los siglos XIII y XV) monopolizaron el comercio de especias con Oriente Próximo; pero Venecia exigía precios tan elevados que Portugal y España empezaron a mirar hacia el Este y a buscar alguna ruta hacia las Islas de las Especias, bien rodeando el cabo de Buena Esperanza (los portugueses), bien navegando hacia el Oeste (los españoles). Pocos años después, con la llegada de Colón a América en 1492 y de Vasco de Gama a Calcuta (India) en 1498, los Estados de Europa y sus comerciantes dirigieron su atención hacia el Occidente americano. Pero hay que enfatizar un hecho: aunque los primeros exploradores partían en busca de oro, era del comercio de especias de donde obtuvieron el apoyo financiero necesario para sus expediciones.

Como intermediarios, hasta finales del siglo XV los árabes traficaban y comerciaban con productos suntuarios procedentes de China, de la India y del Sudeste asiático. Así nació la mítica *Ruta de la seda*, por ser éste el producto más típico y representativo que se comercializaba desde aquella región: tan rentable era la exportación de seda que el emperador chino prohibió, bajo pena de muerte, enseñar a los extranjeros el proceso de fabricación de la seda; pero, según cuenta una leyenda medieval, monjes nestorianos obtuvieron el secreto y trajeron a Europa «huevos» y larvas de los gusanos de seda escondidos en el interior de sus bastones de viaje. La ruta unía China y Roma a través de casi 6.000 kilómetros de recorrido; empezó a utilizarse hacia el año 100 a.C., cuando un emperador de la dinastía china Han (206 a.C.-220 d.C.) sometió extensos territorios de Asia central mediante conquistas y alianzas; la nueva estabilidad de los territorios y la construcción de numerosas calzadas permitió el tráfico de caravanas por varias rutas que iban desde Changan hasta el puerto de Alejandría. El recorrido habitual de aquel famoso camino por el Asia central iba desde Changan (actualmente Xi'an, capital de la provincia china de Shaanxi y de toda China en tiempo de los Han occidentales) al desierto de Gobi (Mongolia interior) y luego a Dunhuang (en Gansu), para pasar por Kashgar, en la cuenca del Tarim. Allí la ruta se dividía: el camino del Norte pasaba por la provincia de Xinjian (Turquestán Oriental), las cuencas de los ríos de la meseta de Pamir (Tadyikistán), las ciudades de Tashkent, Kokand y Samarcanda (Uzbekistán), las llanuras del sureste del desierto de Karakum (Tukmenistán) hasta Mashad (hoy Meshed, noreste de Irán), donde normalmente los caravaneros tártaros o mongoles solían entrar en contacto con los caravaneros árabes que allí les esperaban y a los que vendían sus mercancías; el camino del Sur iba desde Kashgar a la Bactriana (en el Norte de Afganistán, junto al río Oxus —hoy, Amu Daria—), y desde allí —pasando por Persia— hacia Mashad, donde confluían ambas rutas. Desde Mashad las caravanas iban a Tesifonte y bajaban hacia la orilla del Golfo Pérsico, donde podían embarcar sus mercancías en las *dhows* o falucas árabes, o seguir a pie en caravanas de dromedarios atravesando el norte de la Península Arábiga hasta Palmira, donde el camino nuevamente se bifurcaba: uno iba hacia el norte, por Damasco, Antioquía y Edesa hacia Bizancio; el otro, hacia el sur, bajaba desde Palmira por Líbano y Palestina, pasando la Península del Sinaí para concluir en la egipcia Alejandría.

En esta ruta se transportaban mercancías de gran valor, como la seda de China y el oro, plata y lana de Roma. Otros valores que importó China a través de la *Ruta de la Seda* fueron el cristianismo nestoriano de Europa y el budismo de la India, aunque el comercio marítimo a través de India y Arabia movió probablemente más mercancías que el famoso camino terrestre. La ruta cayó en desuso desde el siglo V al fragmentarse el Imperio Romano e iniciarse la expansión del Islam, pero revivió durante los períodos de tranquilidad política, sobre todo durante el Imperio mongol en el siglo XIII, cuando Marco Polo viajó por esta ruta hacia China durante casi tres años; después decaería en el siglo XVI tras la llegada de los portugueses a Calcuta y finalizó en el siglo XIX, cuando los imperialismos inglés, francés y norteamericano comerciaron directamente desde el Extremo Oriente hasta sus respectivas metrópolis. Los tres tenían posesiones y colonias para asegurar su navegación: Inglaterra poseía la India y Birmania, Francia la Cochinchina y Anam (lo que hoy es Vietnam) y EE.UU. tenía concesiones en China, comercio con Japón desde 1856, después de 1898 el dominio de Hawai (hoy, Estado de EE.UU.), bases y poder en Cuba y Filipinas, y desde 1914 el Canal de Panamá.

Durante la Edad Media volvió a renacer el comercio en la ruta y la prosperidad en Arabia, dirigido ahora por los árabes islamizados que nuevamente volvían a actuar de intermediarios con los europeos de Venecia, Génova, Pisa, Cataluña o Marsella. Pero toda aquella prosperidad y abundancia acabó cuando en 1492 Cristóbal Colón llegó a América y, mediante la «ruta del Oeste», creó para España un activo comercio de productos ultramarinos; pero, sobre todo, acabó cuando Vasco de Gama llegó a Calcuta en 1498 y con su «ruta del Este» entregó a Portugal el comercio y el tráfico directo de las especias. Aunque las consecuencias geopolíticas y económicas de estos hechos de finales del siglo XV fueron múltiples, la realidad del momento en el mundo árabe es que las gentes del norte de África (desde Arabia y Egipto a Marruecos) recibieron una impresión aterradora con la llegada portuguesa a la India, pues les desbancaba como intermediarios en el rico comercio de las especias y los productos suntuarios de Oriente, un papel que venían ejerciendo desde más de mil años atrás. Y esa misma impresión tuvieron en las repúblicas italianas de Venecia, Pisa y Génova, intermediarios europeos tradicionales en el Mediterráneo del comercio con Oriente a través de los árabes; y lo mismo ocurrió, en menor escala, en las factorías y empresas catalanas, cuyos «consulados del mar» (los *fondacos* medievales) perdieron toda su importancia e interés. De este modo, los portugueses sustituyeron a los árabes en el lucrativo negocio del tráfico y comercio de especias y mercaderías de Oriente, acabaron con la navegación por el mar Rojo, se adueñaron del océano Índico y de sus enclaves principales (Formosa, Goa, Macao, etc.) y aislaron a Egipto como punto geográfico central del tráfico comercial entre Oriente y Occidente, que desde entonces fue sustituido por Lisboa. Así el Mediterráneo quedó económicamente relegado.

Todas esas etapas de prosperidad o de hundimiento se reflejaron tanto en el Magreb africano como en el comercio de *al-Ándalus*, que a lo largo de los ocho siglos de la presencia árabe en España manifestó los vaivenes y las crisis económicas producidas por la variación de situaciones que se dieron en Oriente y en África en esos siglos. Abderrahman Jah precisa que durante los siglos X-XII eran los **judíos** quienes controlaban el monopolio del comercio desde el Extremo Oriente hasta el occidente del Magreb y *al-Ándalus*: esto se debía a la amplia red de comunidades israelitas que había en todo el Mediterráneo desde tiempos antiguos, y a que su religión los cohesionaba como «pueblo elegido», estuviesen donde estuviesen y fuera cual fuera su nacionalidad (árabe, persa, bizantina, andalusí, magrebí, etc.) o el Estado donde vivieran. Como mayoristas, los judíos se encargaban de fletar barcos y alistar tripulaciones para traer y llevar mercancías hasta Iraq, la India o China; algunos de ellos tenían agentes comerciales en *al-Ándalus*, como el judío egipcio Ben Nathanel ha-Levy, que comerciaba con la India y el Yemen y exportaba seda de Almería por medio de su agente Ben Baruch allí establecido. Evidentemente, ninguna otra nación podía entonces competir con ellos, pero pronto fueron imitados por catalanes e italianos. Por eso, a finales del siglo XIII y quizás por el influjo de los benimerines o por el auge de la burguesía europea (sobre todo, italiana), perdieron su hegemonía comercial y pasaron a ser otros distribuidores.

Desde el siglo XIII el monopolio comercial lo tomaron los cristianos europeos (venecianos, florentinos, pisanos, genoveses, catalanes, holandeses); de todos ellos, los **genoveses** fueron los más activos y ejercieron el monopolio con los nazaríes de Granada: en 1279 firmaron un tratado con el granadino Muhammad II por el que recibían su protección para el comercio marítimo de los productos granadinos, se les eximía de algunos tributos, se les concedía el derecho de cónsules genoveses en Málaga y Almería, y podían construir alhóndigas (*funduqs*, almacenes) en Granada y en Málaga. De esta manera, monopolizaron las exportaciones de sedas granadinas hacia Oriente, de brocados almerienses, cerámicas doradas, higos y pasas de Málaga, frutos secos y azafrán. Ya en el siglo XV, en Granada estaban asentadas las grandes casas genovesas de mercaderes: los Vivaldi, Pallavicini, Spínola y Centurione: Cristóbal Colón era agente comercial de esa última empresa. En menor escala, los catalanes, venecianos y florentinos también obtuvieron de los nazaríes algunos contratos comerciales.

GLOSARIO

ABRAHAM (*Ibrahim*). Padre de dos pueblos semitas: el árabe, a través de Ismael (su hijo con Agar) y el judío, a través de Isaac (su hijo con Sara). Por eso a los árabes se les llamaba también «agarenos» e «ismaelitas».

ADARVE. Paseo de ronda o camino que recorre la parte superior de la muralla de una fortaleza militar; también designa, en urbanismo, a una calle sin salida que puede ser cerrada con una puerta.

AL-ÁNDALUS. Término que designa los territorios de la Península Ibérica que estuvieron bajo gobierno islámico, sin extensión geográfica precisa. Sobre el origen del término, Heinz Halm dijo que es la arabización del anterior nombre visigodo de la zona, «*Landa hlauts*» («tierra de sorteo», porque sus tierras fueron adjudicadas por sorteo a visigodos).

ALARIFE (*al-arif*). Maestro de obras.

ALBANEGA (*al-baniqa*). Paramentos triangulares en la pared a los lados de un arco decorado.

ALBARRANA (*al-barrana*). Torre de defensa adelantada, que se construía destacada del muro pero unida al recinto amurallado por un lienzo de muralla continuo, y solía tener un arco en cuyo techo había unas trampillas o matacanes para vigilar y defender la puerta del castillo, su reja y el puente levadizo de madera. Servía de defensa y control de entrada.

ALCAICERÍA (*al-qaysariyya*). Mercado, barrio de tiendas.

ALCAZABA (*al-qasbah*). Ciudadela, recinto fortificado. Por motivos estratégicos, puede estar construida en la parte

175

alta de una ciudad, en uno de sus extremos o adyacente a ella según las distintas tipologías urbanas. En su interior se encuentra un pequeño barrio y el palacio o alcázar.

ALCÁZAR (*al-qasr*). Fortaleza, palacio real.

ALCUZA (*al-quza*). Vasija de forma cónica, generalmente de hojalata, para contener aceite de uso diario.

ALFAQUÍ (*al-faqih*) (plural, *fuqaha*). Doctor, sabio, especialista en legislación religiosa, en jurisprudencia (*fiqh*), jurista.

ALHÓNDIGA (*al-funduq*). Edificio público con habitaciones, establos y almacenes. En ellos se hospedaban los comerciantes forasteros que llegaban a la ciudad, se almacenaban sus mercancías, y se realizaban las transacciones comerciales de compra, venta y distribución a los zocos. También se da ese nombre a un edificio público destinado a la venta y compra del trigo.

ALJAMA (*al-yami*). Adjetivo que califica a la Mezquita principal de la ciudad, la mayor, en la que se congregan los fieles para la oración comunitaria de los viernes (ya que ésta ha de tener lugar en una sola mezquita de la ciudad). El término hace relación a generalidad, muchedumbre, etc.

ALMIMBAR (*al-minbar*). Especie de púlpito en las mezquitas aljamas, situado a la izquierda del *mihrab* de cara a los fieles, desde donde el *jatib* pronuncia el sermón (*jutba*) durante la oración comunitaria de los viernes.

ALMINAR (*al-manar*). Minarete o torre de la mezquita desde donde se llama a la oración a los musulmanes.

ALMOGÁVAR (*al-mugawir*). Guerreros que hacían incursiones (correrías, algaras o *razzias*) en tierras enemigas a fin de obtener botín, y generalmente perteneciente a las milicias de uno u otro lado de la frontera de al-Ándalus. También los cristianos imitaron estos hechos, y «corrían» tierra de moros; muchos de estos soldados hispanocristianos sabían que —para los andalusíes— eran «*lobos de frontera*» o «lobos del norte» (porque bajaban de las montañas cantábricas: por ello desde el siglo XII pintaron lobos negros en sus escudos, que todavía hoy perduran en blasones heráldicos de familias españolas o en regiones y ciudades importantes (Vizcaya).

ALMOTACÉN (*al-muhtasib*). Funcionario encargado de la vigilancia y comprobación del cumplimiento de la ley en lo que a pesos y medidas se refiere, así como de otras cuestiones relativas al buen funcionamiento del mercado (producción artesanal, higiene, justicia...). Entre los hispanocristianos, ese funcionario real sería llamado «*fiel de pesas y medidas*», y el sistema de pesar las mercancías era el «fielato» que hasta hace pocas décadas estaba en las puertas de todas las ciudades españolas.

ALMUÉDANO o «Muecín» (*al-mu'adhdhin*). Era el encargado de llamar o convocar a los fieles a la oración desde lo alto del alminar (o minarete) de las mezquitas; el primero que lo hizo en tiempos de Mahoma era el esclavo negro, liberado, Bilal.

AL-MULK. El poder, el dominio, la realeza (*muluk*: reino).

ALMUNIA (*al-munya*). Hacienda, granja, huerto, incluso finca de recreo como los «cigarrales» de Toledo.

ALQUERÍA (*al-qarya*). Casa de labranza geográficamente aislada, o el conjunto de dichas casas (aldea, lugar rural).

ALQUIBLA (*al-quibla*). La dirección hacia La Meca; por su valor ritual, es la orientación que adopta el musulmán durante la oración, así como en otros acontecimientos de su vida cotidiana. En la mezquita, era el muro *qibla* es en el que se sitúa el *mihrab*.

ANDALUSÍ. Relativo a *al-Ándalus*.

ATAIFOR. Tipo de fuente ancha (20-25 centímetros) y de poca profundidad (5-10 centímetros) usada en las cocinas.

ATALAYA. Torre vigía.

ATAURIQUE (*at-tauriq*). Tipo de ornamento que entrelaza motivos vegetales estilizados.

AYÁN (notables). La clase media-alta, formada por altos funcionarios, juristas, hacendados.

BALADÍES. Los árabes primeros que entraron en la Península Ibérica en 711, acompañando a Tarik ben Ziyab y al valí

Musa ibn Nusayr, y que luego constituyeron la aristocracia musulmana en *al-Ándalus*.

BARAKA. Bendición, carisma, fuerza benéfica.

BASMALA. Se llama así a la expresión *bi-smi-llahi (ar-rahmani ar-rahimi)* «En el nombre de Dios... (el Clemente, el Misericordioso)» que es la invocación religiosa con la que los musulmanes inician todo tipo de acto religioso o de vida cotidiana que sea susceptible de un buen fin, y equivale a «Que sea para bien» (en los escritos, o al empezar a comer, etc.).

CAABA. (Véase «Piedra negra»).

CALIFA *(jalifa,* sucesor). Príncipe árabe que ejercía el poder espiritual y temporal, tanto civil como militar, y que era el máximo gobernante en la sociedad islámica; su misión era la defensa de la fe y la administración política del Estado, lo que le otorgaba atributos de liderazgo religioso y político. El término, que literalmente significa «sucesor», se aplicó originalmente para designar a los primeros sucesores de Mahoma en el liderazgo de la *umma* o comunidad islámica. Su equivalente técnico es *Imam,* y su equivalente honorífico *Amir al-mu'minin* («Príncipe de los creyentes»).

CLIMAS *(Iqlim).* Cada uno de los distritos menores en que estaban divididas las *coras* (provincia o división territorial de *al-Ándalus,* equivalente a distrito administrativo de régimen civil o comarca). Los *climas* constituían unidades administrativas y financieras de tipo agrícola, contaban con una población importante, a veces con una fortaleza al estilo de Arabia y comprendían varias alquerías (casas de labranza alejadas de los centros urbanos) o aldeas, así como territorios comunales llamados *ayza.*

CORA *(qura).* Tipo de división territorial de *al-Ándalus* equivalente a comarca o distrito administrativo de régimen civil. Tenía como capital una ciudad importante y era regida por un gobernador o *valí;* en términos generales y geográficamente, las *coras* se correspondían con las antiguas diócesis y condados visigodos.

DIMMÍES (protegidos). Cristianos en países islámicos; pagaban *yizia*, un tributo especial.

DIWAN. Registro de musulmanes de tiempo del califa Omar; también, gobierno turco.

EMIR *(amir).* Literalmente designaba al que tenía *amr* («autoridad, poder») y era un cargo político equivalente a «príncipe» *(princeps* o jefe). En época omeya era el título de los gobernadores de las provincias, por lo que en *al-Ándalus* fue el título de los primeros gobernantes dependientes del califa de Damasco y, posteriormente, de algunos de los reyes de taifas). El título honorífico de *Amir al-mu'minin* («Príncipe de los creyentes») equivalía al de *Califa*.

FAQUÍ. *(Ver «alfaquí»).*

FITNA. Literalmente significa desorden, levantamiento, disgregación; pero este término se usa para designar los períodos de una guerra civil con connotaciones políticas y religiosas (suponen cismas en la fe). Referido a *al-Ándalus,* la *fitna barbariyya* fue la guerra civil provocada por los beréberes el año 1009 y la última *fitna* fue la que los *fata* eslavos organizaron contra los beréberes y sus califas, y que llevó a la desaparición del Califato omeya de Córdoba y la desmembración de *al-Ándalus* en distintas Taifas.

FUNDUQ. Posada o fonda, lugar de descanso de caravanas, con establos y almacenes abajo y habitaciones arriba para los caravaneros y gentes de paso. Equivalían a los *Jan* de caravanas en Turquía o a los *caravasares* en Egipto.

HADITH. Literalmente, «narración», «noticia»; en el Islam *sunní* u ortodoxo, es el relato que recoge la tradición profética, los dichos y hechos de Mahoma narrados por sus contemporáneos y transmitidos en los primeros tiempos por vía oral y posteriormente recopilados en diversas colecciones.

HARAM. Literalmente significa «sagrado, inviolable», y era la estancia sagrada del santuario de La Meca; en las mezquitas es la sala de oración o sala principal. Por eso, también significa «Harén» o zona reservada donde residen las mujeres del dueño de la casa.

HAYIB O HACHIB. Chambelán o autoridad representante del emir o califa. En *al-Ándalus*, el título de *hayib* llegó a ser superior al de *visir*, de entre los que era designado. Tenía gran poder y llegó a sustituir al califa en funciones de gobierno si éste estaba ausente o delegaba su poder. Este título gozó de tal prestigio que fue preferido por algunos de los gobernantes de las Taifas en el intento de legitimarse en el poder, en vez de otro título de más entidad, como el de *malik* o rey, sultán.

HÉGIRA (*hiyra*). Emigración o traslado del Profeta Muhammad de La Meca a Medina el año 622 d.C. siendo el hecho que da origen al calendario islámico, que comienza dicho año.

HISBA. Estudio normativo de la organización social, y también las normas de ordenación social que velaban por la moralidad pública. En *al-Ándalus*, el funcionario encargado de la *hisba* era el *sahib al-hisba* —también llamado *sahib as-suq* («señor del zoco»)—, el cual era el encargado de mantener el orden público y la supervisión de las actividades económicas de las ciudades.

IMÁN. Musulmán que dirige la oración comunitaria; el título significa «guía espiritual» de la comunidad islámica, pero como título honorífico fue adoptado por los califas (los imanes por excelencia) en cuanto jefes de la *umma* o comunidad islámica.

IQLIM. (*Ver «Climas»*).

IWAN. Sala abovedada.

JARCHA. Nombre de los últimos versos de la *moaxaja* o composición estrófica del siglo IX y escrita en árabe clásico; por el contrario, la *jarcha* podía estar en árabe vulgar, en hebreo o en una lengua romance. La jarcha se ponía al final del poema, pero se escribía antes y constituía la base compositiva; por su tema, las jarchas se anticipan a las «canciones de amigo», tan frecuentes en la poesía galaico-portuguesa posterior.

JARAY. Impuesto territorial que se paga anualmente al emir o califa.

JARIYÍES. Nombre de los componentes de un grupo islámico radical que creía en la igualdad esencial de todos los musulmanes; primero apoyaron a Alí contra los Omeyas, pero luego le abandonaron por considerarlo como poco fiel a la voluntad de Allah.

JASSA (o *hassa*). El grupo o colectivo social que en Europa se conocía como «la Nobleza».

JATIB. El que predica, el que pronuncia el sermón (*jutba*) durante la oración comunitaria del viernes al mediodía. Lo hace desde el *al-mimbar*, de pie y portando una vara o bastón en su mano (o un arco o espada si el sermón tiene lugar en un territorio o país que ha sido conquistado por las armas) mientras los fieles le escuchan sentados en silencio.

JUTBA. Sermón pronunciado por el *jatib* desde el *al-mimbar* en la oración solemne de los viernes. Precede a la oración propiamente dicha y a diferencia de ésta que se recita en árabe, la *jutba* se pronuncia en la lengua o dialecto del lugar donde se reza. Tanto la *jutba* como el resto del acto religioso del viernes tiene lugar en una sola mezquita de la ciudad, la mezquita-aljama (según algunas escuelas islámicas); el hecho de mencionar el nombre del gobernante en dicho acto le confiere una importancia singular, ya que supone la sumisión, lealtad y reconocimiento del poder político del soberano; no mencionar al gobernante en la *jutba* es expresión de rebeldía o independencia.

JUTTA. La Administración o conjunto de magistraturas y cargos administrativos de mayor rango y poder.

MAQSURA. Lugar cerrado dentro de la sala de oración de las mezquitas aljamas, reservado para el emir o el califa.

MADRAZA (*al-madrasa*). Colegio o escuela coránica, especializada en el estudio de la ciencia religiosa, especialmente jurisprudencia y derecho canónico. Esta institución, que podía ser de fundación pública o privada, cubría las necesidades de maestros y alumnos; como escuela musulmana de estudios superiores, algunas madrazas llegaron a ser centros intelectuales de primer orden. Desde el punto de vista arquitectónico, las madrazas, estuvieron asociadas en una primera época a una mezquita, y posteriormente fueron edificios independientes; eran de planta cuadrada y contaban con aulas, dormitorios y otras dependencias dispuestas en torno a un patio central.

MAGREB. Semánticamente indica el lugar por dónde se pone el Sol, «occidente». Se trata por tanto del noroeste de África, es decir, lo que se corresponde actualmente con los países norteafricanos de Marruecos, Argelia, Túnez y Libia (la antigua Tripolitania). Algunos autores árabes llegaron a englobar en este término geográfico a *al-Ándalus*.

MARCA. División geográfico-administrativa de carácter fronterizo al frente de las cuales estaba un jefe militar o *qa'id*. (a diferencia de las *coras* que no eran territorios fronterizos y estaban regidos por un gobernador civil o *valí*).

MARISTAN (*bimaristan*). Hospital. Es un término de origen persa compuesto por *bimar* («enfermo») e *istan* («lugar»), y fueron fundados por gobernantes y grandes hombres, pero eran mantenidos por donativos píos del *zaqat* o limosna solidaria de los musulmanes (uno de los «pilares» del Islam). También servían de posadas para pobres, que podían albergarse gratuitamente durante tres días, recibiendo pan y sal.

MARRANOS. Término con el que se designaba en territorio hispanocristiano a los judíos conversos que, a pesar de estar bautizados y ser oficialmente cristianos, seguían practicando secretamente su religión.

MAULA (*mawla, mawali*, en plural). En árabe, «clientes»; en general, eran los no-árabes que se convertían al Islam. Cuando la población no árabe comenzó a convertirse a esta religión, pero al ser el Islam una religión esencialmente árabe los *mawali* constituían sólo un grupo de segunda categoría. Se les denominaba *mawali* porque fueron obligados a unirse o a prestar servicios a tribus o individuos musulmanes; solían vivir en los suburbios o los alrededores de los *amsars* o «chunds» militares y se dedicaban a la agricultura, el comercio, la artesanía y a trabajos que requerían escasa cualificación.

MECA, LA (*Macca*, el «Santuario»). Ciudad y capital de Arabia ya antes de Mahoma, se consideraba sagrada por albergar la *Caaba*, un santuario casi cúbico de 10 × 12 metros de perímetro y 15 metros de altura, en una de cuyas esquinas se halla la «piedra negra», supuestamente entregada por Dios a Abrahám.

MEDERSA. (*Véase* «*Madraza*»).

MEDINA (*al-madina*). Ciudad; también, el centro urbano de una ciudad musulmana.

MEQUÍ, mequíes (también «mecano», mecanos). Habitante o natural de La Meca; casi todos pertenecían a la tribu *quraysh* (coreichita), dividida en diversos clanes o familias con ascendientes comunes. Las familias más poderosas eran las de los Ummaya, los Makhzum, los Naufal, los Assad, los Sohra, los Sahm; de menor peso eran los Hachim, el clan de Mahoma. En el siglo V, el guerrero coreichita Qusayy, hijo de Kilab, había acaudillado la tribu y conquistado la ciudad-santuario, que arrebataron a la tribu de los *Khuza´a*.

MEZQUITA. Lugar de reunión de musulmanes para orar y oír el sermón del viernes, su día santo.

MIHRAB. Hueco, nicho o arco situado en el muro de la *quibla* (o pared frontal y final orientada hacia La Meca) en todas las mezquitas; indica el lugar hacia dónde se debe orar y es donde se sitúa el imán para dirigir la oración. Su valor simbólico hace que este elemento arquitectónico sea el lugar más ricamente decorado de la mezquita.

MOAXAJA (*muwaxaha*). Composición estrófica creada en el siglo IX y normalmente escrita en árabe clásico.

MOCÁRABE (*al-muqarbas*). Labor formada por la combinación geométrica de prismas cónicos acoplados; se usa como adorno de bóvedas. Algunos tratadistas los llamaron «racimos», y semejan unas cortas estalactitas que caen desde el techo o bóveda.

MORISCO. Musulmán bautizado que, al acabar la conquista, se quedó en España («cristianos nuevos»), pero del que se desconfiaba —al igual que de los conversos judíos— porque se creía que seguía practicando su fe islámica.

MOROS. Del latín *maurus* (natural de la Mauritania), término con el que los hispano-cristianos denominaba a los andalusíes, y por extensión a los magrebíes (tanto árabes como beréberes). En sí no es un término peyorativo, sino descriptivo; pero, después de ochocientos años de opresión, luchas y muerte, ha llegado a nuestros días cargado de odio, de experiencias negativas y connotaciones peyorativas, si bien es cierto que la mayoría de los actuales no se molesta en cambiar esa imagen.

MOZÁRABE (*mustarab*). Cristiano que permaneció como tributario en *al-Ándalus* conservando su organización eclesiástica, judicial y su religión a cambio de pagar a los nuevos dueños un tributo especial como *dimmíes* (categoría social que englobaba a las «gentes del Libro» es decir, cristianos y judíos). A pesar de ello, las comunidades mozárabes de *al-Ándalus* desaparecieron (salvo la de Toledo) a raíz de las invasiones norteafricanas de los Almorávides y Almohades, muy fanáticos e intolerantes en materia religiosa.

MUCARNAS. (*Véase Mocárabes*).

MUDÉJAR (*mudayyan*, «al que se le ha permitido quedarse»). Musulmán que, mediante pacto, se quedaba y vivía en los reinos cristianos peninsulares al ser conquistada por éstos la tierra en la que residía. Como en el caso inverso (los *dimmíes*), los moriscos tenían un estatuto especial: pagando tributo, podían conservar su religión y propiedades bajo ciertas condiciones. Empezaron a ser un grupo social importante a partir del año 1085 (toma de Toledo por Alfonso VI), apareciendo en la documentación cristiana como «*mauri*» [moros] o «*sarracenii*», sin que se les denomine con el término «mudéjar» hasta la guerra de Granada (siglo XV), cuando ya la situación de aquéllos que no habían emigrado a *al-Ándalus* se había deteriorado considerablemente por el rechazo social. A partir de 1501 fueron expulsados de la Península Ibérica, y los que se quedaron tuvieron que convertirse al cristianismo pasando a ser conocidos como «moriscos».

MUECÍN. (*Véase Almuédano*).

MULADÍ, muladíes (*muwaladi,* en plural *muwalladun*). Renegado hispano-cristiano que abrazó el Islam durante la dominación islámica. Sus descendientes, y los de los posibles matrimonios mixtos entre musulmanes e hispanos en *al-Ándalus,* se mantuvieron como musulmanes y se fueron integrando en la sociedad islámica desde el siglo VIII.

MUHTASIB. Almotacén o funcionario encargado de la vigilancia y comprobación de pesos y medidas, y de otras cuestiones relativas al zoco o mercado.

MUYAHIDUN (sing. *muyahid*). Aquéllos que participan en la empresa del *yihad* o guerra santa para extender o imponer el Islam.

ONZA. Medida de peso que consta de 16 *adarmes* y equivale a 284 decigramos.

PIEDRA NEGRA (*Hadchat el Assuad*). Refiere una leyenda árabe que Abraham recorría el desierto de Arabia, y al llegar a un valle escondido el Señor le envió desde el cielo una piedra, tan blanca como el ala de un arcángel; en agradecimiento a Dios, Abraham edificó un monumento cúbico en aquel valle del Hedjaz: la *Caaba.* Esparcida por los beduinos, la noticia corrió de punta a punta de Arabia y se difundió la creencia de que «*cualquiera que bese la piedra blanca de la Caaba podrá presentarse sin temor ante Dios Todopoderoso*». Aquellos primitivos árabes adjudicaron a la piedra el valor de un «sacramento», pues estaban convencidos de que la piedra absorbía todos los pecados y los hombres quedaban perdonados y puros a los ojos de Dios; desde entonces se organizaron grandes caravanas de beduinos hacia la Caaba, donde besaban la piedra y la confesaban sus pecados; como éstos eran graves y horrendos, la piedra se iba poniendo cada vez más negra y terminó por volverse negra como el pecado contra Dios. Por eso, el día del Juicio Final, cuando Allah llame ante su trono a los hombres, justos e injustos, la piedra volverá a ser blanca y poseerá dos ojos: puesta en las manos de Dios, servirá de testigo de salvación para quienes confiaron en Dios y la descargaron sus pecados.

QANAT. Conducción subterránea de agua.

QAYSÍES. Árabes del norte de la Península de Arabia, que actualmente es Siria.

QIBLA (*alquibla*). Punto del horizonte y también muro frontal o final de una mezquita, que está orientado (esto es: que su exterior está construido mirando hacia el este u Oriente) y hacia el cual se dirigen los musulmanes cuando rezan.

QUBBA (cúpula). Este término también designa por extensión a un tipo especial de mausoleo, el «morabito»; son edificaciones de planta cuadrada coronada por una cúpula —de la que toma el nombre— que dan sepultura a musulmanes piadosos considerados como «santos». Se trata de un fenómeno típicamente magrebí.

RÁBIDA *ribat*. Fortaleza fronteriza musulmana de carácter militar y religioso-eremita, vinculada con la guerra santa. Por ello, era una institución conventual destinada al retiro, la oración y la defensa militar de los dominios del Islam; su recinto amurallado albergaba en su interior viviendas para sus monjes-soldados, almacenes y una mezquita.

RIWAQ. Pórtico.

SAHIB-AL-ZUQ o «zabazoque». Jefe del mercado con funciones policiales y fiscales.

SAHN. Patio de mezquita.

SEBKA. Motivo ornamental típicamente almohade que imita a una red o enjambre.

SUFÍ, de *suf*, lana. Místico musulmán que toma su nombre del *suf* o sayo de lana con el que se vestían. El sufí lleva a cabo una búsqueda mística de la unicidad divina a través

del *dhikr* («recuerdo, invocación del nombre de Dios»)
que es la repetición constante de una jaculatoria de loor
a Dios, acompañada, o no, de danzas o ritmos musicales
que conducen al éxtasis.

SUHL. Tratado o capitulación de musulmanes con gentes
no islámicas que pactaban en contrato derechos y
deberes de éstos últimos cuando sus ciudades, tierras
y posesiones pasaban a formar parte del territorio islámico o *Dar al-Islam*.

TAHA (*taa*). Comarca, distrito.

TAIFA (*ta'ifa*). Literalmente significa «partido» y es el término
con el que se denomina a los distintos Estados comarca-
les en que se dividió *al-Ándalus* tras la desaparición del
Califato de Córdoba (siglo XI). Es comúnmente aceptada
la clasificación étnico-social de estos reinos de Taifas
(*muluk al-tawa'if*) según la cual se dividirían en taifas esla-
vas, taifas de beréberes «nuevos» y taifas andalusíes. La
llegada de los almorávides a la Península Ibérica puso fin
a las «primeras Taifas» (post califales). Posteriormente
volvería a fragmentarse políticamente *al-Ándalus* en las
denominadas «segundas Taifas» (post almorávides) y
«terceras Taifas» (post almohades).

TARACEA (*trasi*). «Incrustación» técnica decorativa que incrusta
o embute en madera unos pequeños trozos de marfil, nácar
u otras maderas de distinto color, naturales o teñidas.

TIRAZ. Tejido lujosamente bordado —oro, seda y brocado—
con bandas de inscripciones, confeccionado fundamentalmente para la indumentaria ceremonial del califa, y
que se producía solamente en los talleres textiles de
Palacio (*dar al-tiraz*). El *tiraz* era símbolo de soberanía,
prerrogativa del califa (junto con la acuñación de
moneda y la mención de su nombre en la *jutba*), quien
podía otorgar, como gran distinción, el honor a vestir
este tipo de indumentaria de lujo.

ULEMAS (*ulama*). Sabios, eruditos o doctores especialista en el
Corán y la *sunna* que, fundamentalmente, se dedicaban a

la ley islámica (*shari'a*), frente a los alfaquíes más especializados en el *fiqh* o jurisprudencia.

UMMA. La comunidad de los creyentes musulmanes (*umm*: «madre») formada por todos los que aceptan el Islam o sometimiento a Allah.

VALÍ (*wali*). Gobernador de una provincia o un distrito. Tenía atribuciones políticas y militares y, en algunos casos, como en *al-Ándalus*, también financieras.

VISIR (*wazir*). Ministro, alto funcionario. Eran elegidos por el soberano y aconsejaban y ayudaban en funciones administrativas y de gobierno. De entre ellos se designaba al *hayib*.

YAMUR. Remate del alminar (o minarete) formado por esferas metálicas de tamaño decreciente hacia arriba, que solía terminar en una media luna.

YEMENÍES. Árabes del sur de la Península de Arabia.

YIHAD. Guerra santa o guerra justa; en su sentido semántico es el «esfuerzo» físico y moral del hombre por mantener y extender los preceptos coránicos; en su sentido místico es la lucha contra el mal; jurídicamente, es un deber de la comunidad creyente para extender el Islam por toda la Tierra.

YIZYA. Tributo social que pagan los *dimmíes* en *al-Ándalus* y que era diferente del tributo territorial, el *jaray*, que pagaban todos los andalusíes.

ZAHOYA. Escuela de teología y mística musulmana.

ZAKAT (azaque). Limosna legal. Durante la Edad Media llegó a transformarse en el pago musulmán más importante, y se destinaba al socorro de los pobres, al rescate de esclavos, a la educación en escuelas coránicas, a la ayuda a los viajeros y a sufragar la guerra santa.

ZÉJEL (*zayad*). Composición estrófica de la métrica española de origen árabe.

ZOCO (*suq*). Mercado o bazar con diversas tiendas y negocios, como todavía se ven en Marruecos, Estambul (el Gran Bazar).

BIBLIOGRAFÍA

Esta forma de citas bibliográficas cumple con la norma
ISO 690-1987 y sus equivalentes UNE 50-104-94, UE-662 y
USO-336, así como con las de la *Unesco* de 1985 y las fijadas
en 1995 por la *Dirección General de Archivos y Bibliotecas*, del
Ministerio de Educación y Ciencia español.

ABD-AL'AZIZ AL-AHWANI (ed.): *Kitab tarsi al-jbar wa-tanwi
al-athar wa-lbustan fi ghara'ib al-buldan wa-l-masalik ila
chami al-mamalik*, Madrid, 1965.

ABD AL-RAHMAN 'ALI AL-HACHCH, (ed.): *Chugrafiyat al-Ándalus
wa-Urubba min kitab al-masalik wa-l-mamalik*. Beirut, 1968.

AL-BUJARI (Abu Abd Allah Muhammad ibn Ismail, 810-
870): *Sahih al-Bujari*. Beirut, Dar al-Kutub al-Ilimiyya,
(4 vols.) 1992.

ANDERSON, B. S.-ZINSSER, J. P.: *Historia de las mujeres: una historia propia*. (2 vols.) Barcelona, Crítica, 1991.

ARIÉ, R.: «La España Musulmana», en Vol. III de la *Historia
de España* dirigida por M. TUÑÓN DE LARA. Barcelona,
Labor, 1982.

—— *El reino nasrí de Granada*. Madrid, Mapfre, 1992.

ARIÈS, Ph.-DUBY, G.: *Historia de la vida privada*.Vol. 3: *Poder
privado y poder público en la Europa feudal*. Madrid,
Taurus, 1991

BANQUERI, J. A.: *Libro de agricultura de Al Awwam* (2 vols., edición facsímil de E. García Sánchez y E. Hernández-Ber-
mejo). Madrid, 1988.

BONNASSIE, P. (y otros): *Las Españas medievales*. Barcelona, Crítica, 2001.

BRESCH, H.-GUICHARD, P.-MANTRAN, R.: *Europa y el Islam en la Edad Media*. Barcelona, Crítica, 2001.

CHALMETA, P.: «Historiografía medieval hispana: Arabica», en *al-Ándalus* XXXVII, (1972), págs. 353-404.

CHEJNE, A. G.: *Historia de España musulmana*, Madrid, 1987.

CRUZ HERNÁNDEZ, M.: *El Islam de al-Ándalus. Historia y estructura de su realidad social*. Agencia Española de Cooperación Internacional, Madrid, 1996.

DOZY, R.: *Historia de los musulmanes de España* (4 vols.). Madrid, Turner, 1994.

EGUARAS, J.: *Ibn Luyun: Tratado de agricultura*. Granada, Patronato de La Alhambra y el Generalife, 1988.

GARCÍA SÁNCHEZ, E.: «La alimentación en la Andalucía Islámica: Estudio histórico y bromatológico», en *Andalucía Islámica*, IV-V (1983-1986), págs. 237-278.

—— *Ciencias de la naturaleza en al-Ándalus. Textos y estudios*. (3 vols.) Madrid, C.S.I.C., 1990-1994.

GUICHARD, P.: *al-Ándalus : estructura antroplógica de una sociedad islámica en Occidente*. Granada, Servicio de Publicaciones de la Universidad, 1995.

—— *De la expansión árabe a la Reconquista : esplendor y fragilidad de al-Ándalus*. Granada, Fundación El Legado Andalusí, 2002.

HALM, H.: «Al-Ándalus und Gothica Sors», en *Welt des Oriens*, nº 66 (1989), pp. 252-263.

INSTITUTO OCCIDENTAL DE CULTURA ISLÁMICA: *I Jornadas de cultura islámica. Al-Ándalus, ocho siglos de historia*. Madrid, Ediciones Al-Fadila (IOCI), 1989.

JAH, A.: *Los aromas de al-Ándalus*. Madrid, Alianza-Fund. Cultura Islámica, 2001.

KHALIL SAMIR, S. (S.J.): *Cien preguntas sobre el Islam*. Madrid, Encuentro, 2003.

LAFUENTE Y ALCÁNTARA, E. (ed.): *Ajbar machmu'ah fi fath al-Ándalus*, Madrid, 1987.

LAPIEDRA GUTIÉRREZ, E.: *Cómo los musulmanes llamaban a los cristianos hispánicos*. Alicante, Instituto de Cultura «Juan Gil-Albert», 1997.

LÉVI-PROVENÇAL, E.: *La España Musulmana hasta la Caída del Califato de Córdoba (711-1031)*. Vol. V de la *Historia de España*, dirigida por RAMÓN MENÉNDEZ PIDAL. Madrid, Espasa-Calpe, 1965.

LOZANO, I.: *Tres tratados árabes sobre el Cannabis Indica. Textos para la Historia del Hachís en las Sociedades Islámicas. Siglos XIII-XVI*. Madrid. Agencia Esp. de Cooperación Internacional, 1990.

MAHOMA: *El Corán*. Barcelona, Ed. Óptima, 2001.

MAÍLLO, F.: *Historia de al-Ándalus*. Madrid, 1986.

—— «Estudio Preliminar», en IBN ʿIDARI: *La caída del Califato de Córdoba y los Reyes de Taifas (al-Bayn al-Mugrib)*. Salamanca, Universidad de Salamanca, 1993.

MARTÍN, J. L.: *Historia de España. 4. Una sociedad en guerra. Reinos cristianos y musulmanes (siglos XI-XIII)*. Madrid, Historia 16, 1980.

MARTÍN, J. L.; CODOÑER, C.; SÁNCHEZ, M.: *Historia de España. 3. La Alta Edad Media*. Madrid, Historia 16, 1980.

MARTÍNEZ SANZ, J. L.: *Mahoma, profeta y espada del Islam*. Madrid, Dastin, 2004.

MAZZOLI-GUINTARD, Ch.: *Ciudades de al-Ándalus. España y Portugal en la época musulmana (siglos VIII-XV)*. Granada, Almed, 2000.

MENÉNDEZ PIDAL, R. (ed.): *Historia de España. Tomo III: La España visigótica*. Madrid, Espasa-Calpe, 1940.

ORLANDIS, J.: *Historia de España. La España visigótica*. Madrid, Gredos, 1977.

PÁEZ DE LA CADENA, F.: *Historia de los estilos en jardinería*. Madrid, Istmo, 1982.

PÉRÈS, H.: *Esplendor de al-Ándalus. La Poesía en Árabe Clásico en el Siglo XI. Sus aspectos generales, sus principales temas y su valor documental*. Madrid, Hiperión, 1983.

PIRENNE, H.: *Mahoma y Carlomagno*. Madrid, Alianza, 1978 (fue escrito en 1937).

PRIETO MORENO, F.: *Los jardines de Granada*. Madrid, Ministerio de Educación y Ciencia, 1973.

QUESADA QUESADA, T. (ed.): *El agua en la agricultura de al-Ándalus*. Granada, El Legado Andalusí, 1995.

ROBINSON, F.- BROWN, P.: *El mundo islámico. Esplendor de una fe*. (2 Vols.) Madrid, Folio-Ediciones del Prado, 1992.

RODINSON, M.: *Mahoma. El nacimiento del mundo islámico*. Barcelona, Península, 2002.

ROSELLÓ BORDOY, G.: *El ajuar de las casas andalusíes*. Palma de Mallorca, Editorial Sarriá, 2002.

SAMSÓ, J.: *Las ciencias de los antiguos en al-Ándalus*, Madrid, Mapfre, 1992.

SÁNCHEZ-ALBORNOZ y MENDUIÑA, C.: *La España musulmana: según los autores islamitas y cristianos medievales*. (2 vols.) Buenos Aires, El Ateneo, 1946.

—— *El Islam en España y el Occidente*. Madrid, Espasa-Calpe, 1974.

SANTONI, E.: *El Islam*. Madrid, Acento Editorial, 1993.

SECO DE LUCENA, L.: *La Granada nazarí del siglo XV*. Granada, Patronato de La Alhambra, 1975.

SERJEANT, R. B. (comp.): *La ciudad islámica*. Barcelona, Serbal, 1982.

SERVICIO HISTÓRICO MILITAR: *Historia del Ejército español*. Vol. II: *Los ejércitos de la Reconquista*. Madrid, S.H.M.,1984.

VALDEÓN BARUQUE, J.: *Historia de España. 5. La Baja Edad Media. Crisis y renovación en los siglos XIV-XV*. Madrid, Historia 16, 1981.

VALLVÉ BERMEJO, J.: *El califato de Córdoba*. Madrid, Mapfre, 1992.

VERNET GINÉS, J.: *Historia de la ciencia española*. Madrid, Instituto de España, 1975.

—— *El Islam en España*. Madrid, Mapfre, 1993.

VIGUERA MOLINS, M.ª J.: «Fuentes de al-Ándalus (siglos XI y XII). I: Crónicas y obras geográficas» en *Actas del I Curso sobre la Península Ibérica y el Mediterráneo durante los siglos XI y XII. Cuadernos de Investigación del Monasterio de Santa María la Real*.

12/12 ③ 4/11
4/15 ⑤ 11/14